El Tío "Curro"

La Conexión Española de J.R.R. Tolkien

José Manuel Ferrández Bru

Una aproximación biográfica al Padre Francis Morgan Osborne.

Su influencia vital e intelectual en Tolkien, a través de su biografía, su contexto histórico y sus antecedentes familiares.

Francisco Javier (Curro) Morgan Osborne.
El Puerto de Santa María (España) 1857 – Birmingham (Inglaterra) 1935

Copyright del texto © 2018 José Manuel Ferrández Bru
Diseño de la portada © 2018 Fernando López Ayelo
Segunda edición por Luna Press Publishing, Edinburgh, 2018

El Tío "Curro". La Conexión Española de J.R.R. Tolkien ©2018. Todos los derechos reservados. Ninguna parte de esta publicación puede ser reproducida, almacenada ni transmitida en manera alguna ni por ningún medio electrónico ni mecanico sin permiso escrito del editor.

El Toro de Osborne es una marca registrada. Reproducción autorizada
por Grupo Osborne, S.A.

www.lunapresspublishing.com

ISBN-13: 978-1-911143-37-6

A Leonor y Leonor

No obstante dices que tales impedimentos no te amilanan. ¡Haz pues como lo propones! Tráeme en la mano uno de los Silmarils de la corona de Morgoth; y entonces, si ella así lo quiere, Lúthien podrá poner su mano en la tuya.

J.R.R. Tolkien. *El Silmarillion*

... y también recuerdo la muerte del P. Francis mi 'segundo padre'. [...] En 1904 mi hermano y yo encontramos la súbita experiencia milagrosa del amor, cuidado y humor del Padre Francis (tenía casi la misma edad que mi auténtico padre hubiera tenido: ambos nacieron en 1857, Francis a finales de enero y mi padre a mediados de febrero)

Cartas de J.R.R. Tolkien. Carta 332 a Michael Tolkien. Enero 1972.

Contenido

Agradecimientos	v
Prefacio	ix
Introducción	xii
Antecedentes	**1**
El Puerto de Santa María	3
Antepasados ilustres	8
La familia Böhl de Faber	16
De Duff-Gordon a Osborne	21
La boda de María Manuela	28
Primeros Años	**35**
La familia Morgan-Osborne	37
Educándose en Inglaterra	47
La vocación	54
La Comunidad del Oratorio	62
La vida entre Birmingham y El Puerto de Santa María	68
Madurez	**75**
Los Tolkien	77
La nueva vida	84
Un día lluvioso	94
El romance	97
La Gran Guerra	104
El deber cumplido	108
Los últimos años	113
A modo de epílogo	**119**
Influencia intelectual en Tolkien	121
Tolkien y el Cardenal Newman	128
La Guerra Civil Española	133
Barriles de contrabando	142
Apéndices	147
Bibliografía	156

Agradecimientos

Mi querido lector, en tus manos tienes el resultado de un largo viaje que se inició hace más de una década y que partiendo de un simple divertimento en sus orígenes, se ha acabado convirtiendo con el tiempo en algo tangible. Sin embargo, esta historia comienza todavía más atrás, en los años ochenta, con un adolescente descubriendo *El Señor de los Anillos* y sintiéndose seducido y conmovido de por vida por unas imágenes y sensaciones que entonces no llegó a comprender plenamente. Después vinieron otros descubrimientos en paralelo a una afición cada día mayor por las obras de J.R.R. Tolkien, el encuentro con otros entusiastas y una evolución personal que ayudó a comprender y matizar esas sensaciones tempranas.

No podría decir cuándo fue la primera vez que escuché hablar de Francis Morgan. Seguramente debió de ser leyendo alguna de las biografías de Tolkien. Debo confesar que en aquel momento pasó bastante desapercibido para mí, tal vez por la escasa atención prestada por los biógrafos de Tolkien a su papel y por quedar circunscrito a una fase temprana de la vida del autor. El hecho es que, aunque me llamó la atención su vínculo con España, apenas señalado por otra parte, el apellido Morgan no despertó entonces mi curiosidad.

Sin embargo, muchos años después, sin buscar información sobre el tema, el azar puso ante mí un dato sobre él, en apariencia poco importante pero que probablemente lo desencadenó todo: su segundo apellido, Osborne, ese apellido materno olvidado y relegado en el mundo anglosajón, pero tan importante para poder establecer parentescos. Así, no puedo olvidar como en mi primer contacto con la familia Osborne (sus únicos parientes vivos en la actualidad), Tomás Osborne, a quién tanto debo, me habló de su "Tío Curro" y ese pudo ser el principio de mis pesquisas con el claro objetivo de rescatar una figura olvidada por el tiempo.

Mi profesión está bien alejada de la investigación histórica y de la literatura, pero, con pasión y perseverancia, la historia de una vida, de una familia y de un tiempo fue componiéndose y dando lugar a un algo coherente. Además, cuando en 2006 me atreví a presentar una versión temprana de mi obra al reconocido Premio Algaba de Biografía e Investigaciones Históricas y quedé finalista, se hizo patente que la historia tenía un interés real.

Tras publicar varios artículos y ensayos sobre el tema y darlo a conocer en ámbitos especializados, en 2013 pudo ver la luz, finalmente, una primera versión de la obra en forma de libro, aunque reducida al ámbito español y con algunos pequeños problemas debidos a la precariedad del mundo editorial español, fuera de las grandes casas editoriales.

Ahora, cinco años después, me congratulo en presentar esta edición, corregida y ampliada, con mayor número de imágenes y recursos gráficos y, sobre todo, para un ámbito internacional, lo que, de algún modo, supone cerrar el círculo.

*

Durante este largo proceso son muchos los que han prestado su ayuda. Por encima de todos debo señalar a mi mujer y a mi hija a las que en muchas ocasiones descuidé concentrado en una absorbente tarea. Sin su apoyo y su amor nada de esto habría sido posible y esta obra es en buena parte también suya.

Merece, en todo caso, un especial agradecimiento Tomás Osborne Gamero Cívico, quinto Conde de Osborne y presidente de honor de la compañía del mismo nombre, a quien le he robado mucho de su preciado tiempo embarcándole en este viaje en el que he tratado de reconstruir la vida de un pariente suyo. Sus informaciones y el acceso al archivo Osborne me han permitido obtener datos y recabar informaciones que de otro modo hubieran resultado imposibles de hallar.

La familia Tolkien merece también ser reconocida. Tras contactar con ellos para informarles de mi investigación, Adam Tolkien, en nombre de su padre Christopher (albacea literario de J.R.R. Tolkien), tuvo la gentileza de responderme y de animarme en mis investigaciones, lo que reiteró cuando le conocí en persona en 2008. Por otra parte, Priscilla Tolkien, hija del autor, tuvo a bien compartir parte de sus recuerdos sobre Morgan conmigo, revelándome historias inéditas de su familia que resultan del máximo interés para comprender la importancia del Padre Francis Morgan en la vida cotidiana de los Tolkien.

Es justo destacar también el papel del gran estudioso John Garth, a quien debemos *Tolkien and the Great War*, quien me animó desde las fases iniciales de mi trabajo y me ha acompañado en la distancia hasta el momento presente aportando un extraordinario prefacio para esta edición. Igualmente a él le debo la pista sobre el homenaje de Tolkien a Morgan en el léxico gnómico que el experto en idiomas élficos Helios de Rosario Martínez me ayudó a concretar y comprender (a este último le debo además otras muchas ayudas).

Ana Becerra Fabra del Archivo Municipal de El Puerto de Santa María ha resultado una colaboradora extraordinaria que ha indagado por mí en los densos archivos de su ciudad y ha sacado a la luz informaciones sumamente reveladoras. Debo agradecer a Javier Maldonado Rosso que me pusiera en contacto con ella. También de El Puerto de Santa María es Bernardo Rodríguez Caparrini, metódico investigador y atento acompañante en una de mis visitas a esta ciudad, cuyas informaciones sobre los años escolares de los niños de la familia Osborne han sido muy ilustrativos. Cerca de allí, en Cádiz, Manuel Ravina Martín (ahora Director del Archivo General de Indias) y Carlos Rodway Chamorro, del Archivo Histórico Provincial pusieron a mi disposición documentos notariales, testamentos, declaraciones de bienes, etc. de los Morgan que se conservan en dicha institución.

Por otro lado, la ayuda del Padre Paul Chavasse, que fuera Preboste del Oratorio de Birmingham y postulador de la causa de canonización del Cardenal Newman, me ha permitido conocer extremos que sin su ayuda hubieran quedado en el olvido y que, en cualquier forma, resultan imposibles de obtener desde España. Igualmente Anthony Tinkel, de la Asociación de la Escuela del Oratorio, ha sido un importante punto de apoyo para el desarrollo de varios aspectos de esta obra relacionados con la escuela a la que acudieron los hermanos Morgan.

Anders Stenström me aportó datos de primera mano sobre la carta en clave que Tolkien escribió en 1904 y que se conserva en la Bodleian Library.

En Nottingham recibí el apoyo de Brenda M. Pask, bibliotecaria de la iglesia de María Magdalena en Newark. Igualmente debo agradecer su colaboración al Padre Brian Dazeley de la Parroquía de Holy Trinity, también en Newark que me puso en contacto con el Padre A. P. Dolan, archivero de la Diócesis Católica de Nottingham. Su homólogo en Birmingham, el Padre John Sharp, archivero de la Diócesis Católica de Birmingham, fue también muy amable con sus respuestas.

Tom Horwood, estudioso de la Iglesia Católica inglesa de la época del Cardenal Manning, me ayudó en mis indagaciones sobre la Universidad Católica de Kensignton y me puso en contacto con el Padre Nicholas Schofield, archivero de la Diócesis del Westminster, quien pese a lo infructuoso de mi indagación se mostró particularmente cordial.

A Marion Nicholas, y especialmente a Ivonne Solomon, debo agradecerles su ayuda en la recopilación de datos sobre los Galton, los primos ingleses de Morgan. De igual modo estoy en deuda con Gillian Grute que me proporcionó datos sobre los Shaw. Gracias a David Villanueva obtuve datos adicionales sobre su familia, útiles para el capítulo "Un día lluvioso" en el que son descritos unos antepasados suyos que realmente existieron.

Gracias al interés de la bibliotecaria de la British Historical Society of Portugal, Jane Flower, pude obtener muchos de los datos relacionados con los Morgan y su contacto con Portugal.

En Londres, Nik Pollard del Local Studies de Richmond y Mike Cherry de la Twickenham Local History Society me ayudaron en mis averiguaciones acerca de la relación de la familia con el sur de Londres. Del mismo modo Dave Payne, de la Southwark Cathedral me proporcionó información sobre Aaron Morgan.

Desde Australia, Robert Hinii compartió conmigo detalles sobre un libro propiedad de Morgan, que él rescató milagrosamente en una librería de ocasión en tan lejano continente.

Igualmente a Paul Shrimpton, autor del excelente y sumamente ilustrativo *A Catholic Eton?: Newman's Oratory School*, a Eduardo Segura, referencia para los investigadores españoles de Tolkien, al poeta Enrique García-Máiquez que gracias a sus artículos trasladó hasta los medios el tema de la conexión española de Tolkien, a Adolfo Blanco Osborne, miembro de esta distinguida familia con el que he compartido largas conversaciones repletas de datos y de conocimiento, y al historiador Luis Arias González, les tengo que agradecer su apoyo explícito y los ánimos recibidos durante la larga gestación de esta obra.

También debo recordar a mis compañeros de la Sociedad Tolkien Española que leyeron esta obra antes de que viera la luz y me hicieron llegar sus comentarios: Paco Soliva, Paco Sempere, Antonino Vázquez o Fernando Frías Sánchez, que me sugirió la idea de las peculiaridades de Arcos de la Frontera. Cabe igualmente señalar en este punto la labor de Jorge López Prieto cuyas indicaciones y correcciones han resultado extraordinariamente útiles e igualmente a todos aquellos que me han ayudado a dar a conocer mi trabajo como María Jesús Lanzuela, Mónica Sanz, Joan Carles Jové o Santiago Álvarez entre otros muchos. En todo caso mi agradecimiento se extiende a todos los miembros de la Sociedad Tolkien Española, cuya mera existencia es un estímulo constante.

No estaría completa esta lista sin recordar a los lamentablemente fallecidos Maggie Burns y Daniel Grotta. Maggie Burns del Birmingham Local Studies and History y miembro de la Tolkien Society, me ayudó a encontrar datos extremadamente valiosos sobre la relación de Tolkien y de Morgan con Birmingham, mientras que Daniel Grotta, autor de una biografía sobre Tolkien, se mostró muy amable en sus respuestas sobre ciertas cuestiones relacionadas a los contactos que estableció con el Oratorio de Birmingham mientras investigaba para su libro en los años setenta, entre otros, por ejemplo, algunos compañeros de Morgan.

Por último, es imprescindible señalar a los *colaboradores necesarios* de esta obra. Fernando López, amigo, artista incomparable y erudito, que además de confeccionar una increíble portada fue el descubridor de las peculiaridades de El Tajo del Águila. También evidentemente tengo un agradecimiento infinito para todo el equipo humano de Luna Press Publishing, pero especialmente para mi editora, Francesca Barbini, consejera, amiga en la distancia y gran profesional que ha sabido dar forma a esta obra.

Prefacio

Cuando el Padre Francis Morgan entró en la vida del joven J.R.R. Tolkien, no sólo debió rellenar el vacío dejado por Mabel, su madre, que murió cuando él tenía únicamente doce años, sino también el de Arthur, su padre, que había fallecido ocho años antes. Años después, Tolkien se refirió al Padre Francis como su 'segundo padre' y se mostró hondamente agradecido por su calidez, humanidad y comprensión.

De igual modo, la sumamente documentada biografía del Padre Francis escrita por José Manuel Ferrández Bru cubre otra brecha que se remonta a 1977, año en que Humphrey Carpenter publicó la biografía autorizada de Tolkien. Ciertamente el trabajo de Carpenter bosqueja muy atinadamente la vida de Tolkien, si bien adolece de cierta falta de profundidad en los detalles y de cierta superficialidad al abordar muchos matices, lo que deja al lector curioso con ganas de conocer con mayor profundidad algunos de los temas tratados.

En efecto, queda mucho por descubrir acerca de este joven que pasó a convertirse en un residente de por vida del Oratorio de Birmingham, y buena parte de ello lleva al lector a detenerse a pensar en Tolkien.

Voy a mencionar sólo un ejemplo. En una actuación en la escuela del Oratorio, el joven Francis interpretó a una anciana nodriza. De acuerdo con un testigo, su actuación supuso "la aparición de una autentica bruja, con un entusiasmo y una comicidad nunca vistos". Cuando tenía 19 años, el mismo Tolkien disfrutó de un momento de gloria muy similar interpretando a la Señora Malaprop en la obra de Sheridan *Los Rivales*. De acuerdo con la revista de su escuela: "una verdadera creación, excelente en todos los sentidos y no menos en el maquillaje".

Sospecho que existe una conexión y que parte de este vigoroso entusiasmo de Tolkien procedía de la actuación de su tutor. La importancia de esto no se debe subestimar. Uno de los motores que impulsaron la creatividad de Tolkien era el placer de actuar. Se trataba de alguien cuyo talento por la escritura primero floreció como una forma de exhibirse en reuniones y revistas escolares y universitarias, que incluso llegaría a comenzar conferencias sobre *Beowulf* dando zancadas en el escenario mientras declamaba el poema como un trovador anglosajón, y cuyas obras más conocidas, *El Hobbit* y *El Señor de los Anillos*, fueron leídas en voz alta mucho antes de que llegaran a ser impresas.

Este nuevo libro dibuja un retrato no sólo de Francis Morgan, sino también de la estirpe vinculada con el comercio del jerez en Cádiz, un pequeño mundo en sí mismo, del que procedía, aunque su devenir le condujo hacia una vida diferente. También saciará el hambre de más de un entusiasta que, siguiendo el gusto hobbit, disfrute de indagar en genealogías y antecedentes familiares.

Seguramente ningún otro lector sentirá una sorpresa tan grande leyendo este nuevo libro como la que yo mismo me llevé. Se trata de algo totalmente personal. Cuando descubrí que el adolescente Francis Morgan había vivido en Londres cerca de Regent Park, en el número 138 de Harley Street, hice un doble descubrimiento. Esa dirección está justo al lado de la casa en la que empecé a escribir *Tolkien y la Gran Guerra*. Se trata de una coincidencia trivial, pero, de repente, me hizo reconocer a *La Conexión Española de J.R.R. Tolkien* como lo que es: una puerta hacia una época donde las cosas familiares repentinamente toman perspectivas desconocidas.

El viaje en el tiempo ocupaba un lugar destacado en la mente de Tolkien en 1937 cuando comenzó una historia llamada *El Camino Perdido*. Fue escrita dos años después de la muerte del Padre Francis, cuando la Guerra Civil Española se mostraba como un terrible ejemplo de lo que podría estar a punto de pasar en Europa y en el mundo. Así, en el momento en que Alboin, un filólogo de nuestro mundo, viaja en el tiempo a la tierra condenada de Númenor, los problemas que encuentra allí resultan ser sorprendentemente contemporáneos.

Pero Alboin no se traslada corporalmente a Númenor, como el arquetípico viajero del tiempo de H.G. Wells que viaja entre los Eloi y los Morlocks. Por contra, él lo percibe todo a través de los ojos y con la conciencia de un númenóreano. Se ha sugerido que Oswin, el padre de Alboin, debe algo al Padre Francis, sobre todo su estado de callada ansiedad paterna ante la obsesión del adolescente Alboin por el lenguaje "Eressëano" que amenaza con descarrilar sus posibilidades de entrar en la Universidad de Oxford.[1] En tal caso, el retrato de Francis Morgan que elabora Tolkien es la pieza más emotiva de viaje en el tiempo en toda la trama; un intento de volver a examinar su propia juventud, pero viéndola a través de los ojos de su "segundo padre" al que tanto añoraba.

En mi propia investigación ha aparecido otro hecho relevante para las biografías de estos dos hombres. Cuando murió, el Padre Francis Morgan dejó a Tolkien y a su hermano Hilary 1.000 libras esterlinas a cada uno.[2] Se trataba de una suma enorme en aquellos días. A Tolkien pudo haberle ayudado a aligerar la carga de las finanzas familiares que le agobiaban y

---

1. Diana Pavlac Glyer y Josh B. Long, 'Biography as Source: Niggles and Notions', en Jason Fisher (ed.), *Tolkien and the Study of His Sources*, McFarland, Jefferson, 2011.
2. Archivos del Oratorio de Birmingham, citado con permiso.

obligaban a llenar gran parte de su tiempo libre corrigiendo exámenes para obtener ingresos adicionales. Tal vez, puede que esta inyección económica liberara algo de tiempo para renovar el trabajo de su *Legendarium*, lo que parece haber sido un denominador común en los dos años siguientes, en que Tolkien publicó *El Hobbit* y comenzó su secuela.

Pero Tolkien sabía que la deuda con su tutor era mucho más profunda que cualquier cosa que se pudiera adquirir con dinero. De este modo, señaló que después de la muerte de su madre encontró "la súbita experiencia milagrosa del amor, cuidado y humor del Padre Francis".[3] Esta declaración recuerda el trasfondo de su ensayo *Sobre los cuentos de hadas*, donde define el supremo momento del cuento de hadas, "el repentino y gozoso «giro»" que él llamó *eucatástrofe*:

> Hay una gracia súbita y milagrosa con la que ya nunca se puede volver a contar. No niegan la existencia de la *discatástrofe*, de la tristeza y el fracaso, pues la posibilidad de ambos se hace necesaria para el gozo de la liberación; rechazan (tras numerosas pruebas, si así lo deseáis) la completa derrota final, y es por tanto *evangelium*, ya que proporciona una fugaz visión del Gozo, Gozo que los límites de este mundo no encierran y que es penetrante como el sufrimiento mismo.

John Garth

---

3. Humphrey Carpenter, (ed.), *Cartas de J.R.R. Tolkien*, Houghton Mifflin, Boston, 1981, Carta 332.

Introducción

Nadie es ajeno a la influencia de los que le rodean y aun aquellos que marcan tendencias, definen modas o se transforman en referentes sociales, son producto, en gran medida, de los vínculos que a lo largo de su vida han entablado con otras personas, ya sea de forma voluntaria o circunstancial.

En el terreno de la literatura es donde en mayor medida se ponen de manifiesto estas influencias, dado que ciertos individuos con los que un autor haya tenido una relación vital significada, dan forma y sirven de inspiración a personajes e historias que luego se reflejan en sus obras.

En este trabajo vamos a indagar en la vida de una de estas personas: el Padre Francis Xavier Morgan, uno de esos "actores secundarios" de la biografía de John Ronald Reuel Tolkien, autor conocido y significado en el mundo de las letras del siglo XX y responsable de obras que son auténticos iconos contemporáneos tales como *El Señor de los Anillos*.[1]

El origen de la relación entre Tolkien y Morgan se remonta a la infancia del primero, a principios del siglo XX, cuando su madre, recientemente viuda, tomó la difícil decisión, sobre todo en aquel contexto histórico, de convertirse junto a sus hijos al catolicismo. Morgan, un maduro sacerdote católico de origen español, fue un apoyo para ellos en aquellos momentos.

El desamparo en el que quedaron tras el cambio de religión hizo que su trato se intensificara hasta el punto de que cuando, pocos años después,

---

[1]. Resulta más que probable que aquellos que se acerquen a este trabajo lo hagan debido a su interés por J.R.R. Tolkien, pues aunque pueda entenderse la vida de Francis Morgan desligada de la de su protegido, su relación con éste es, sin duda, uno de los hechos que más llama la atención de su biografía y, en cierto modo, su labor como su tutor constituye una de las tareas principales que le deparó su destino. Como información complementaria para aquellos que no conozcan en profundidad la biografía de J.R.R. Tolkien, éste nació el 3 de enero de 1892 en Bloemfontein capital del entonces estado libre de Orange, hoy en día asociado a la República de Sudáfrica. Su padre era director de una sucursal bancaria en Bloemfontein y allí nacieron sus dos hijos: John Ronald y Hilary. Sin embargo, los niños pasaron poco tiempo en África debido a su mala salud y tras su traslado a Inglaterra y su establecimiento en la zona de Birmingham, de donde era originaria la familia, su infancia vino marcada por la temprana muerte de su padre y, posteriormente, por la de su madre. Ella, que se había convertido al catolicismo hacia el final de su vida, y que por ello debió sufrir el rechazo familiar, dejó a sus hijos bajo la tutela de un sacerdote amigo de la familia: el Padre Francis Morgan. J.R.R. Tolkien destacó en sus estudios y se formó en lengua y literatura en Oxford, lugar al que volvería como profesor una vez superada la Primera Guerra Mundial, tras un breve paso por la Universidad de Leeds. En Oxford, Tolkien alcanzó un considerable prestigio y reconocimiento por su tarea docente e investigadora que, sin embargo, no tiene comparación con la celebridad que le otorgaría su vertiente de escritor de obras de ficción. Casi como una vocación secundaria, aunque ligada a su gusto profesional por los idiomas, publicó varias novelas en vida entre las que destacan *El Hobbit* y especialmente *El Señor de los Anillos*, una de las obras más aclamadas del siglo XX. Póstumamente, se dieron a conocer otras entre las que destaca *El Silmarillion*. J.R.R. Tolkien murió el 2 de septiembre de 1972.

se produjo la muerte de la madre de Tolkien, la última voluntad de ésta, temerosa de que tras su fallecimiento se obligara a sus dos hijos a abandonar la práctica del catolicismo, fue que quedaran bajo la tutela de Morgan.

El Padre Francis Morgan pasó a ser una de las principales referencias vitales de Tolkien. Desde la muerte de su madre y hasta su mayoría de edad (e incluso después) se ocupó de su formación religiosa, pero también de supervisar sus estudios, de su manutención y de su futuro.

También fue uno de los principales responsables de que Tolkien llegara a estudiar en la universidad de Oxford, gracias a su ayuda económica e indirectamente a la oposición inicial que mantuvo sobre la relación de Tolkien con la que luego se convertiría en su esposa, Edith Mary Bratt.

Lamentablemente, su postura firme en contra de un amor juvenil que en su momento no podía aportar nada positivo para Tolkien, ni para su carrera, ni, en general, para su futuro, le ha conferido un injusto rol de severidad que dista mucho de ser real. Es más, puede afirmarse que su papel en esta cuestión ha sido el desencadenante de una encubierta e injusta animosidad hacia él y que le ha transformado en una de las personas con una relación cercana a Tolkien peor considerada por los biógrafos del autor.

En cierto modo, uno de los objetivos principales de este estudio es el de tratar de dar una imagen fiel y cercana a la realidad de Francis Morgan, lo que resulta una tarea compleja ya que la visión que se nos proporciona, en buena medida distorsionada por la trascendencia que ha adquirido la de Tolkien, nos presenta, en muchas ocasiones, un retrato poco agradable, con su forma de ser descrita como ruidosa y vulgar, su personalidad definida veladamente como mezquina y poco perspicaz o su carácter invariablemente presentado como firme e intransigente.

Sin embargo, estas opiniones responden más a tópicos que a una realidad y la influencia de Morgan en Tolkien, seguramente de manera sorprendente, resulta mucho más importante de lo que tradicionalmente se ha dado por sentado. Él era un hombre, que pese a la necesaria ponderación propia de un miembro de la Iglesia, no tenía problemas en exhibir su carácter y su temperamento abierto en una sociedad como la británica caracterizada por su contención y su flema. Es muy probable que su aparente falta de intelecto y erudición no sea sino un reflejo de una personalidad extrovertida y chocante para el entorno social en el que se desenvolvía.

Lo que es innegable, y es un hecho apenas significado entre los biógrafos y estudiosos de Tolkien, es la intensa relación que compartieron a lo largo de sus vidas, casi como si hubieran sido padre e hijo biológicos. Se ha destacado mucho el contacto de ambos durante los primeros años del autor, pero en cambio, a partir de su mayoría de edad, Morgan apenas es citado.

No obstante, eso no significa que su vínculo cesara o se atenuara, por ejemplo, por alguna clase de animadversión hacia él debido a su temprana oposición a la relación sentimental entre Tolkien y su futura esposa. Por el contrario, en los años de Leeds, la época en que Tolkien obtuvo su primera plaza como profesor universitario, Morgan fue un visitante habitual de los Tolkien, una costumbre que se mantuvo también durante los primeros años treinta del siglo XX, una vez se trasladaron a Oxford.

Este trabajo revelará igualmente como Francis Morgan procedía por parte española de una familia con unos significados antecedentes en el mundo de las letras, lo que sin duda le aportó un poso intelectual que, aun de forma indirecta, llegó sin duda a Tolkien.

Además, su universo personal es mucho más amplio del que se asume unánimemente y porciones de su riqueza vital también debieron transmitirse a Tolkien. Al profundizar en su biografía nos encontramos ante alguien cuya vida se desarrolló entre dos mundos: por un lado Inglaterra hacia donde le condujo su vocación y donde era el Padre Francis Morgan, por otro, Andalucía, su Puerto de Santa María natal, soleado y alegre, refugio vacacional y referencia vital, donde era Curro Morgan, o simplemente "El tío Curro", que es cura en Inglaterra.

Por ello, para poder comprender su figura y su influencia, se hace necesario tratar de reconstruir su trayectoria vital, lo que, en cierto modo, significa componer, en un viaje a través del tiempo, un puzle de piezas dispersas entre España y el Reino Unido.

Antecedentes

El Puerto de Santa María

El área de Cádiz, al sur de España, ha sido desde tiempos muy remotos una zona que se ha caracterizado por su naturaleza aglutinadora de gentes de las más dispares procedencias. Tanto en la zona de la bahía, bañada por el océano Atlántico, como en el interior de la provincia, han tenido lugar sucesivos asentamientos desde la antigüedad, de forma que fenicios, griegos, romanos, árabes y cristianos que ocuparon las tierras de Cádiz a lo largo del tiempo, las han convertido en cruce de caminos para viajeros y comerciantes.

En particular, con respecto a El Puerto de Santa María, dejando al margen los vestigios paleolíticos y fenicios de gran valor arqueológico hallados cerca de la actual ciudad, la tradición señala a Menestheo, un caudillo ateniense, como el fundador de la misma. Tras los griegos, El Puerto sufrió la conquista romana, fue anexionada posteriormente por los musulmanes en el 711, reconquistada por el rey Alfonso X en 1260 y, desde entonces, ligada a la historia de España y al devenir de la misma, viviendo de forma directa importantes acontecimientos como algunos relacionados con el descubrimiento de América o el comercio con el Nuevo Mundo, y también hechos significativos que tuvieron lugar durante el convulso siglo XIX español.

Pero no se puede entender a El Puerto de Santa María fuera del contexto de la bahía de Cádiz que, hoy en día, se ha convertido en un importante punto de encuentro para los principales nómadas de la actualidad: los turistas. La configuración y los atractivos de la zona la hacen ideal para ser recorrida y la presencia del omnipresente océano, que sirve de separación entre dos bocas de tierra dignas de ser visitadas, no es sino otro aliciente más para hacerlo. Al sur de la bahía queda Cádiz, la capital urbana y cosmopolita, rebosante de historia que exhibe orgullosamente a través de sus monumentos y edificios emblemáticos. A la cuna del constitucionalismo español se le enfrentan, Atlántico de por medio, El Puerto de Santa María, Rota y, más allá, Chipiona y Sanlúcar de Barrameda, donde desagua el gran río andaluz: el Guadalquivir.

En su novela *Las inquietudes de Shanti Andia*, Pío Baroja describe poéticamente la visión de la bahía de Cádiz:

> […] contemplábamos la bahía de Cádiz, tan azul; allá lejos, Rota y Chipiona brillando al sol con sus caseríos blancos; luego, la costa baja formando

una serie de arenales rojizos hasta el Puerto de Santa María, y en el fondo, los montes de Jerez y de Grazalema, violáceos al anochecer, con una línea recortada y extraña en el horizonte.[1]

Entre El Puerto de Santa María y Cádiz existe un contacto directo desde antiguo, pues apenas están separadas por un breve trayecto en barco. Hoy en día este recorrido no es más que otra atracción turística, aunque recorrer por mar las escasas millas que las separan, ayuda a transportarse en el tiempo e imaginar las idas y venidas de los antiguos, navegando en paralelo a las casas de El Puerto a través de la desembocadura del río Guadalete, el hermano pequeño del Guadalquivir.

Este río es en buena medida la columna vertebral de la parte occidental de la provincia de Cádiz y al remontar su curso, se nos da la oportunidad de completar una visión general de sus pueblos y comarcas. Su deambular nos conduce a Sierra Morena, antaño refugio de bandoleros, región única salpicada por sus pueblos blancos como Arcos de la Frontera, construido sobre una elevación, o Bornos, tierra de paz y sosiego para el visitante.

La presencia de tantas culturas en la zona se hace evidente pues todas ellas han dejado su huella, tanto a nivel arqueológico como a través de hábitos y costumbres que han perdurado a lo largo del tiempo, entre otras la elaboración de vinos y licores únicos, obtenidos de vides que originalmente fueron traídas por los fenicios. En particular, en el área limitada por las ciudades de Jerez de la Frontera, Sanlúcar de Barrameda y El Puerto de Santa María, zona popularmente conocida como La Comarca, es donde, desde hace siglos, la producción de bebidas alcohólicas puede presumir de haberse convertido, además de en una tradición, en un productivo negocio con vocación claramente exportadora.

Los historiadores griegos Estrabón y Eutymos hablan de cómo los fenicios trajeron con ellos las vides alrededor del siglo XI antes de Cristo y comenzaron a exportar vinos a lo largo del Mediterráneo. Estos primitivos caldos se elaboraban cociendo el mosto recién fermentado para que pudieran resistir largos viajes, lo que provocaba que tuvieran altas graduaciones y, debido a las imperfecciones del proceso de fermentación, era necesario mezclarlos con agua y añadirles ciertas especias. La comercialización de vino y su volumen de exportación se vieron incrementados con la conquista romana de la región, aunque con ello su destino preferente pasó a ser la propia Roma.

En la Edad Media, los viñedos sobrevivieron a la conquista árabe de la región, pese a las prohibiciones religiosas sobre el consumo de bebidas

---

1. Pío Baroja, *Las inquietudes de Shanti Andía*, Renacimiento, Madrid, 1911, p. 82. Pío Baroja (1872-1956) fue un destacado escritor español, generalmente asociado con la denominada Generación del 98. Se trata, sin duda, de uno de los principales novelistas del país durante la primera mitad del siglo XX.

alcohólicas, pero fue en el momento en que los cristianos la reconquistaron cuando cobraron una relevancia sobresaliente y la incipiente industria vinícola comenzó a cobrar celebridad, más allá incluso de la península ibérica. Ya en el siglo XII hay constancia de que se enviaban vinos de la zona a Inglaterra, donde comenzaron a ser conocidos como Sherry (el nombre inglés de Jerez).

Con el tiempo, el Jerez adquirió una enorme popularidad entre los británicos, que se evidencia en su cultura. Sin ir más lejos son múltiples las referencias que Shakespeare hace en sus obras, como en *Enrique IV* donde se dice:

> If I had a thousand sons, the first humane principle I would teach them should be to forswear thin potations and to addict themselves to sack [sherry][2]

De hecho, emprendieron acciones, militares y comerciales, manifiestamente dirigidos a su control. Así, tras perpetrar actos documentados de piratería como los de Sir Martin Frobisher o Lord Wimbledon que atacaron y saquearon la zona, su táctica se reorientó hacia el comercio, a través del establecimiento en la región desde finales del siglo XVII, pero especialmente durante el XVIII y el XIX, de casas comerciales británicas, fundadas en muchos casos por aventureros o románticos en busca de fortuna en la lejana Andalucía.

El Puerto de Santa María y Jerez de la Frontera (distantes apenas algo más de diez kilómetros), junto a Cádiz en un primer momento, fueron los destinos donde se establecieron la mayoría de ellos. Los nombres de aquellos pioneros que, con habilidad pero también con trabajo e instinto comercial, levantaron importantes negocios vinateros, se mantienen hasta hoy. Así, nombres de empresas como Garvey, Terry, Osborne o Sandeman nos recuerdan su origen y esta época de florecimiento comercial.

En particular, El Puerto de Santa María, una villa que había conocido la prosperidad al desempeñar un papel fundamental como centro exportador hacia el Nuevo Mundo, en especial gracias a la relevancia que adquirieron los denominados *Cargadores de Indias* (exportadores a América de productos de todo tipo y cuyo poso aún permanece en la ciudad a través de sus Casas Palacio), hubo de amoldarse a un renacido esplendor relacionado con las casas comerciales vinateras.

Estas casas, particularmente las de origen británico, se afianzaron, y las fortunas de sus fundadores aumentaron en paralelo a su posición social. Su devenir condujo al establecimiento de un nuevo grupo social, aunque de

---

2. "Si yo tuviera mil hijos, el primer principio humano que les enseñaría sería hacerles abjurar de las bebidas aguadas y aficionarlos al Jerez". William Shakespeare, *Henry IV*, Simon & Schuster, New York, 2005, Acto IV, Escena II, p. 5.

manera levemente diferente a lo ocurrido en otros lugares en los que se produjo un proceso similar, como, por ejemplo, en Portugal.[3]

Tanto aquellos extranjeros asentados en la región como sus descendientes se fueron españolizando y adquiriendo los hábitos y los rasgos propios de su nueva patria, tales como religión, idioma o costumbres. De este modo, y a pesar de no renunciar completamente a sus orígenes anglosajones, las sucesivas generaciones, fruto, en muchos casos, de uniones con españoles, se consolidaron durante el siglo XIX dando lugar a un importante colectivo hispano-británico, bien relacionado tanto en España como en las islas.

Este grupo no fue ajeno a todos los aconteceres que les depararon los siglos XVIII y especialmente el XIX, siglo que incluyó desde la invasión napoleónica y la Guerra de la Independencia, al caos dinástico español que provocó, además de un sinfín de cambios de gobiernos, regencias, pronunciamientos y revoluciones más o menos exitosas, la pérdida de las colonias españolas en ultramar, las guerras carlistas, la primera república española y un complejo proceso de restauración monárquica a finales de la centuria.

Sin embargo, en la intrahistoria de la zona quedan otros hechos más allá de la política, especialmente relevantes para entender su progreso y creciente prosperidad. Puede que el más destacado sea el cambio en el tratamiento y la elaboración del vino que tuvo lugar justamente en este periodo. Así, en lugar de basar la producción en los mostos jóvenes (cuya fermentación había de realizarse en el punto de destino) o en los productos envejecidos mediante el tradicional sistema de añadas, se pasó, debido al notable incremento de la demanda británica de aquella época de vinos homogéneos y con un sabor uniforme, a la elaboración de vinos mediante el sistema único denominado de *criaderas y soleras*. Este cambio, hasta cierto punto radical, significó la aparición de las grandes bodegas: las conocidas como *Catedrales del vino*[4],

---

[3]. En Oporto y Lisboa, los principales destinos de la inmigración británica en Portugal relacionada con el comercio (en particular el de licores), la relación entre los nativos del país y los extranjeros se planteó de forma diferente. El mestizaje social que, de forma natural, se produjo en España (los matrimonios mixtos, la castellanización de los nombres, la conversión religiosa, etc.) no se dio en Portugal del mismo modo. En Portugal los británicos mantuvieron, de forma generalizada, su religión y sus costumbres, estableciendo sus propios lugares de reunión y ocio, erigiendo iglesias anglicanas e incluso sus propios cementerios. A pesar de que en Jerez o en El Puerto de Santa María se pueden hallar ejemplos de esta misma actitud, al entrar en el siglo XX resultaba excepcional encontrar a algún descendiente de británicos que no antepusiera su españolidad a sus orígenes. En Portugal, sin embargo, esta diferenciación se ha mantenido casi hasta nuestros días.

[4]. El sistema de *criaderas y soleras*, frente al más usual de añadas, en que la cosecha de cada año envejece sin mezclarse con las cosechas de otros años, permite un envejecimiento del vino que combina de forma sistemática los vinos de distintas cosechas y produce licores homogéneos, independientemente del año de producción, y únicos en cuanto a su resultado en el paladar, aun cuando se distingan diversas variantes como *Fino, Amontillado, Oloroso, Palo cortado, Pale Cream, Cream, Pedro Ximénez* o *Moscatel*. Para llevar a la práctica este sistema fue necesaria la construcción e implantación de un sistema de bodegas, grandes naves amplias y diáfanas (de ahí la denominación de *Catedrales*) donde se almacena un número incontable de toneles y se lleva a cabo el lento pero constante proceso de producción de los licores. Tanto

al tiempo que se fortalecía y consolidaba definitivamente la industria y el comercio de la zona al asegurar niveles importantes de exportaciones.

Así pues, gracias al dinamismo y capacidad de adaptación del comercio vinatero de la zona y a su vocación exportadora, el área de la bahía de Cádiz y, en particular, Jerez de la Frontera y El Puerto de Santa María, gozaban de una economía floreciente a mediados del siglo XIX nada generalizada en el resto de España. Ciertamente es difícil cuantificar de forma exacta el impacto de la producción de bebidas alcohólicas en la economía de la zona, aunque es innegable que ambas ciudades se convirtieron en las más prosperas de la región y llegaron a generar entre ambas en este periodo más de un 60% de los ingresos comerciales de la misma (la mayoría de los cuales provenían de las exportaciones de la industria vinatera).[5]

Es en este contexto de bonanza económica para la zona, en cuya cima social se encontraban los bodegueros y comerciantes de origen británico, con Isabel II en el trono de España en el tránsito entre los gobiernos del General Espartero y del General O´Donell, y dentro de una de las familias más destacadas de El Puerto de Santa María, donde a finales de enero de 1857 nacía un niño que llevaría por nombre Francisco Javier Morgan Osborne.

---

en el Puerto de Santa María como en Jerez de la Frontera las bodegas forman parte del paisaje urbano y, con su innegable monumentalidad, aportan a la arquitectura de ambas ciudades una seña de identidad sin igual.

5. El periodo de mayor exportación tuvo lugar a principios de los años 70 del siglo XIX, llegando a exportar en 1873 hasta 100.000 botas (una cantidad que tardó en ser superada casi cien años). Se puede hablar de que alrededor del 90% de ellas iba dirigida al mercado británico mientras que el resto se distribuía entre América y la Europa continental. La bota (el tonel) era el soporte usado para la distribución de las bebidas alcohólicas. De hecho el proceso de venta de productos embotellados no se generalizaría hasta bien entrado el siglo XX.

Antepasados ilustres

El apellido Morgan es uno de los más emblemáticos de Gales. Tradicionalmente se aceptaba que etimológicamente significaba *nacido del mar*, suponiendo que derivaba de *mor-gen-i* (siendo *mor* la expresión galesa para "mar" y traduciendo *geni* como "dar vida"). Sin embargo, esto ha sido contestado por teorías más modernas y contrastadas que apuntan que para obtener su verdadero significado debería partirse de la forma primitiva del mismo: *Morcant*. Así, la raíz *Mor* vendría de la palabra galesa *mawr* "grande" y *cant* significaría "cien" o, en una acepción alternativa "muchedumbre", lo que nos daría como resultado "gran muchedumbre".

En todo caso la presencia de personajes con apellido Morgan se remonta hasta la Edad Media. Según la tradición familiar, la ascendencia de los Morgan conduce a Cadifor Fawr y su hijo Bledri, caudillos galeses de la época de la conquista normanda que, gracias a su buena relación con éstos, obtuvieron tierras en la región de Monmouthshire, al sur de Gales. Sus descendientes dieron lugar a las diversas subfamilias que se distinguen entre los Morgan y, de entre ellas, probablemente la más importante de todas sean los Morgan de Tredegar, de los que se puede rastrear su árbol genealógico de forma documentada desde el siglo XIV. Se trata de un cuadro familiar poblado por distinguidos personajes de la vida galesa que desempeñaron tareas propias de la más selecta élite social, entre los que encontramos *sheriffs*, miembros del parlamento, etc.[1]

A los Tredegar se les ennobleció primero con una baronía y posteriormente con un vizcondado, privilegios de los que disfrutaron algunos de sus más afamados miembros como Sir Charles Gould-Morgan (que desempeñó el importante cargo político-militar de *Judge Advocate General*), Godfrey Charles Morgan, el primer Vizconde de Tredegar, participante en la mítica carga de la brigada ligera durante la guerra de Crimea o Evan Morgan, ya en el siglo XX, cuarto barón y segundo Vizconde de Tredegar famoso por sus

---

[1]. También la leyenda liga al conocido bucanero Henry Morgan con los Tredegar. A lo largo de los siglos se ha defendido que se trataba de un miembro de la familia que, ya fuera por su carácter díscolo o bien por haber sido secuestrado siendo un muchacho, había iniciado una vida de aventuras en el mar que le llevaron a convertirse en uno de los piratas más conocidos y exitosos de la historia. Parece, sin embargo, que la relación de parentesco con los Tredegar es menos directa de lo que se ha sostenido, todo indica que se trataba simplemente del hijo de un trabajador o arrendador de una granja incluida en las posesiones de la familia. La historia de su secuestro siendo muchacho parece verosímil, y resulta un adecuado punto de partida a una biografía que le llevó a convertirse en el terror de españoles y holandeses en el Caribe y, durante los últimos años de su vida, a ser recompensado por el imperio británico con distinciones e importantes cargos como el de Gobernador de la isla de Jamaica.

excentricidades y por sus curiosas amistades.

La familia del Padre Francis Morgan siempre presumió de su parentesco con los Morgan de Tredegar. Todo parece indicar que procedían de una rama que se había separado del tronco principal de los Tredegar entre los siglos XVII y XVIII y que se había establecido en Londres. Se trata de un caso similar al de John Morgan, uno de los más afamados entre los Morgan de Tredegar de esta época, conocido como John *the Merchant* que se estableció también en Londres y amasó una enorme fortuna.

El primero de los Morgan de la familia del Padre Morgan del que se tiene referencia concreta era su tatarabuelo llamado Thomas Morgan que vivió a principios del siglo XVIII. Su hija Elizabeth, aparentemente la mayor de sus descendientes, nació en Londres y fue bautizada en la iglesia de St. Sepulchre de esta ciudad.

Además de Elizabeth, Thomas Morgan tuvo tres hijos varones. Sólo conocemos el nombre del menor de ellos, el único (aparte de su hermana) que tuvo descendencia, llamado Aaron y que nació en 1742. A diferencia de su hermana y probablemente de alguno de sus hermanos mayores, Aaron no nació en Londres sino en Sea Mills, un suburbio de Bristol. Allí vivía Hester Maies, nacida en 1711, y quien figura como esposa de Thomas Morgan en 1755, aunque desconocemos si lo fue en primeras o segundas nupcias.

Sea Mills, separado de Gales por el canal que forma la desembocadura del río Severn, a pesar de haber albergado un asentamiento romano, permaneció en el olvido hasta principios del siglo XVIII, cuando se trataron de establecer allí, sin demasiado éxito por otra parte, diversas iniciativas marítimas tales como la construcción de un pequeño puerto o la fundación de una compañía ballenera.

Parece que Thomas Morgan se había establecido en Bristol con la idea de dedicarse a la construcción de barcos y todo apunta a que llegó a ser propietario del suyo propio. Sin embargo, da la impresión de que tenía otra dedicación, pues es citado como fabricante de pelucas en diversos documentos. Su vida, como la de dos de sus hijos varones, fue breve (en 1768 se le cita como *fallecido* en un listado de ese año similar al censo electoral en el que figuran su hija y yerno). Ésta, Elizabeth, se casó con un talabartero de Bristol llamado Edward Jones y tuvo al menos cinco hijos, mencionados en el testamento de Aaron. Respecto a los otros dos hijos de Thomas Morgan, el mayor quiso dedicarse a la vida en el mar y pereció en su primera travesía en una rebelión de los esclavos que trasportaba el barco en que viajaba y el segundo murió de tuberculosis.

Así pues, es Aaron quien prosigue la línea genealógica que nos lleva hasta el Padre Francis Morgan. De hecho, se trata de un personaje referencial en la historia familiar, responsable de su fortuna e impulsor del negocio que les ocuparía durante más de un siglo. En todo ello fue clave su decisión de establecerse en Londres hacia finales del siglo XVIII y especialmente el que allí entrara a trabajar, desempeñando tareas administrativas, en la compañía de comercio de licores Dixon & Langston.

Previamente había sido recomendado a Sir Thomas Mannock de Giffords Hall en Suffolk, noble Católico Romano con el que entabló una cordial relación. De hecho, parece que si Aaron hubiera consentido en abandonar su credo y convertirse al catolicismo hubiera recibido de él una importante herencia. Curiosamente este noble estaba emparentado de forma directa a través de su segunda esposa con la familia Moulin-Browne, uno de cuyos descendientes, Stanislaus du Moulin-Browne, habría de ser compañero del Padre Morgan en el Oratorio de Birmingham más de cien años después.

Pero volviendo a Dixon & Langston, esta firma se dedicaba al próspero negocio del comercio de vinos y licores, y procedía de una compañía fundada en 1715 por un comerciante de St. John's Gate en Clerkenwell (Londres) llamado Haughton, que viajó a Oporto y comenzó a comerciar allí. Desde mediados del siglo XVIII la compañía había sido gestionada por James Langston (emparentado con Haugthon) asociado posteriormente con Charles Dixon y con el hijo de éste de igual nombre. Aunque Aaron Morgan se incorporó a la firma como mero empleado, con el tiempo llegaría a convertirse en uno de los propietarios y, de hecho, sus descendientes serían los que gestionarían la compañía en las décadas siguientes.

Hasta 1840, en lo que podría considerarse el periodo inicial de la empresa, la sede de la misma estuvo en el 13 de Savage Gardens, junto a la Torre de Londres. Sin embargo, debido a los cambios de socios de la misma, su denominación fue variando a lo largo del tiempo. Así, mantuvo el nombre de Langston & Dixon hasta 1800 aunque a partir de ese momento y hasta 1810 se convirtió en Dixon, Brett & Morgan (lo que indica la inclusión de Aaron Morgan como asociado junto a un tal James Brett). Desde entonces y hasta 1835 pasó a llamarse Dixon, Morgan & Co y de 1835 a 1840 fue conocida como Morgan & Saunders & Co.

Una referencia indirecta nos sirve para conocer algunos detalles de la organización del negocio a principios del siglo XIX. Se trata de la reseña de un juicio en 1803 relativo a un hurto del que fue objeto la compañía, siendo sus socios por entonces Charles Dixon Jr, James Brett y Aaron Morgan. El acusado era un empleado temporal, un tal Timothy Tool, contratado para ayudar a embotellar un barril de Oporto.[2] Este método de trabajo, es decir, la compra de barriles en el lugar de producción, realizando la comercialización, lo que incluye el embotellado y etiquetado en el destino, fue el habitual durante siglos. La peripecia de este desafortunado ladrón nos

---

2. El valor de lo sustraído, cinco botellas y un galón de vino (unos 3,78 litros), era de 15 peniques para las botellas y de 18 chelines para el vino y supuso una condena de tres meses de prisión y flagelación pública.

sirve igualmente para conocer como la compañía disponía en la misma calle en que se encontraba su sede comercial de una bodega para almacenar los barriles y realizar el embotellado, lo que sin duda resultaba un obstáculo a la hora de plantear un traslado de la sede de la misma.

En un principio, el principal producto que comercializaba la firma era el Oporto, de modo que Portugal era su principal referencia comercial en el exterior. Por ejemplo, a la muerte de Charles Dixon padre en 1797 se le califica como *Portugal merchant*. Además, entre los productos que ofertaban destacaba sobremanera el *Dixon's Double Diamond* un Oporto que fue inmortalizado por Charles Dickens en su obra de 1838 *Nicholas Nickleby*, cuando en un momento dado uno de los personajes solicita al tabernero: "*A magnum of the Double-Diamond, David, to drink the health of Mr Linkinwater*".[3]

Tanto Charles Dixon Jr. como Aaron Morgan amasaron una gran fortuna, aunque sus vidas acabaron difiriendo, ya que mientras que Dixon acabaría dejando el negocio, Morgan se centró en proporcionarles a sus descendientes un importante legado. Junto a su esposa Margaret, nacida en 1742, formó una familia numerosa, aunque únicamente un hijo varón y tres hijas alcanzarían la edad adulta, lo que contrasta con los siete hijos del matrimonio que fallecieron durante su infancia. Las hijas, Maria, Jane Elisabeth y Edith tuvieron destinos dispares, mientras que el hijo varón, Thomas, se convirtió en socio y heredero de su padre en los negocios.

Maria Morgan nacida en 1783, se casó con John Sykes, capitán de la *East India Company*, una firma británica que había gestionado de forma monopolística durante siglos el comercio británico con Asia y en particular con India. Su matrimonio condujo a Maria a la India donde fue testigo junto a su marido de las costumbres locales que recogió en unas memorias que han sido usadas como fuente en diversos trabajos históricos. Su matrimonio fue breve ya que el capitán Sykes murió en 1815 apenas siete años después de su boda. Sin embargo, en este tiempo nacieron dos hijas y un hijo.

Jane Elizabeth nacida en 1788 se casó con John Peevor de Chelsea. El matrimonio tuvo siete hijos, nacidos los cuatro mayores en Inglaterra y los tres más pequeños en Tasmania. Pocos años después del fallecimiento de Aaron Morgan y probablemente con la idea de comenzar una nueva vida con la herencia recibida de éste, decidieron establecerse al otro lado del mundo. De este modo, en marzo de 1821 llegaron con el navío *Emerald* a Van Diemen's Land (Tasmania). Se tiene noticias de que en 1822 John Peevor participó en la creación de una sociedad agrícola y adquirió una granja en la zona del valle del río Coal, aunque con los años parece que la mayoría de sus hijos se establecieron en Victoria, al sur de Australia.

---

3. "Una botella de Double-Diamond, David, para beber a la salud del señor Linkinwater". Charles Dickens, *Nicholas Nickleby*, Penguin Classics, London, 1999, Capítulo xxxvii, p. 499.

De Edith, aparentemente la menor de las hijas, es de la que menos datos se conocen. Sólo se sabe que se casó con un tal Christopher Harrison en 1814 y parece que no tuvieron descendencia.

Thomas Morgan fue, como indicábamos arriba, el heredero de Aaron Morgan en el ámbito de los negocios. Casado con Elizabeth Bonney en abril de 1818, su papel en la historia de la empresa familiar es también muy importante ya que su gestión coincidió con la salida de Dixon de la misma, así como de un proceso de diversificación que involucraría la participación directa de sus hijos.

Sin embargo, antes de continuar adelante cabe comentar algunas cuestiones relativas a aspectos personales relacionados con Aaron Morgan, extensibles a sus descendientes. Probablemente la más importante de ellas sea la de su implicación con Southwark en el sur de Londres donde desarrolló su vida, tanto en la zona de la Torre de Londres, donde estaba la sede de su empresa, como en el área al sur del Támesis, en especial Dulwich donde se encontraba su residencia.

En particular, es un hecho a destacar su relación con las parroquias de la zona, especialmente St. Olave y St. Saviour (hoy catedral de Southwark). La iglesia de St. Olave está muy cerca de Savage Gardens, apenas a una calle, y es en ella donde se produjeron muchos acontecimientos religiosos de la familia Morgan, entre los que destacan las bodas de Jane Elizabeth, Edith y Thomas Morgan. En este último caso, una vidriera en la que aparecen los nombres y símbolos de las familias Morgan (un grifo rampante) y Bonney (tres flores de lys), recuerda su enlace matrimonial.

No obstante, a Aaron Morgan se le debe relacionar de forma mucho más significada con St. Saviour, antigua parroquia de St. Mary Overy y desde 1905 convertida en Catedral de Southwark. Aaron Morgan es junto a Matthew Concanen autor de *History and Antiquities of the Parish of St. Saviour's* un libro editado en 1795 que describe la historia tanto del barrio como de la iglesia en sí.

El vínculo de Aaron Morgan con esta iglesia se confirma con el hecho de haber sido enterrado allí, junto a su esposa, que falleció unos años antes que él víctima de un ataque de apoplejía. Su participación en la elaboración del libro recientemente citado, probablemente fue un mérito que le permitió esta distinción. Un monumento de mármol le recuerda, se trata de un busto obra del escultor Thomas Cooke, sobre una tabla en la que se lee:

SACRED
to the Memory of
AARON MORGAN Esqre
late of Savage Gardens, London,
who died at Dulwich the 13th of October 1818

> in the 71st Year of his Age.
> He was many Years an Inhabitant of this Parish
> and one of the Authors of its History and Antiquities.
> Also of MARGARET MORGAN, Wife of the above
> who died the 31st of October 1810, aged 68 Years.
> Their mortal Remains are deposited in the Family Vault in the Middle Aisle:
> and near them Seven of their Children,
> who died in infancy.[4]

En efecto, Aaron Morgan falleció en Dulwich el 13 de octubre de 1818 apenas unos meses después del matrimonio de su hijo Thomas (el 24 de abril) quien ya era una de las cabezas del negocio y a quien su padre designó como único albacea de su testamento. Thomas debió asumir toda la carga de la empresa y la condujo hasta bien avanzado el siglo XIX.

El avance del siglo llevó a la empresa a distribuir un amplio abanico de bebidas alcohólicas, además del Oporto, tales como el Jerez, el vino tinto, el Clarete, el vino de Madeira, etc., lo que les llevó a tener una extensa red comercial y un intrincado sistema de relaciones mercantiles internacionales.[5] Los archivos que se conservan de las operaciones comerciales que llevaban a cabo implican una notable complejidad, dadas las considerables cantidades de dinero manejadas y el numeroso grupo de empresas relacionadas con esta firma.

En la década del los años veinte del siglo XIX nacieron los hijos de Thomas Morgan: Thomas (nacido en 1820), Francis (nacido en 1821) y Aaron Augustus (nacido en 1822). Tanto Thomas Jr. (con este nombre se le conocería largo tiempo) como Francis continuaron en el negocio pero Aaron Augustus se sintió atraído por la vocación religiosa y se hizo reverendo anglicano.

Desde mediados de los años treinta y probablemente coincidiendo con el hecho de que los chicos se hacían mayores, la empresa sufrió algunos cambios. En 1835 Charles Dixon Jr. se desligó de la empresa, adquirió una gran finca en Sussex (que incluía una casa palaciega llamada *Stanstead Park*) y se dedicó a cultivar la vida social y a desempeñar ocupaciones de prestigio como el cargo de *High Sheriff* de Sussex.

---

4. "Consagrado a la memoria de Aarón Morgan de Savage Gardens, Londres, que murió en Dulwich el 13 de octubre 1818 a los 71 años de edad. Fue durante muchos años, un feligrés de esta parroquia y uno de los autores de su Historia y Antigüedades. Además de Margaret Morgan, esposa del anterior, que murió el 31 de octubre de 1810, con 68 años. Sus restos mortales son depositados en el panteón de la familia en la nave central, y cerca de ellos siete de sus hijos, que murieron en la infancia".

5. Por ejemplo, en un curioso vínculo, se conserva correspondencia dirigida a Thomas Morgan de John James Ruskin. Este Ruskin era un importante comerciante socio de Ruskin, Telford & Domecq (exportadores de jerez) y fue padre del destacadísimo autor victoriano John Ruskin cuya influencia en Tolkien ha sido destacada por algunos autores. Por ejemplo, el autor Patrick Curry declara que "si la Tierra Media tiene un profeta éste es John Ruskin". P. Curry, *Defending Middle-earth: Tolkien, myth and modernity*, Floris Books, Edinburgh, 1997, p. 132.

En 1840 la compañía cambió nuevamente su denominación por la de Thomas Morgan & Co y también su sede, trasladándose al 11 de Mark Lane, apenas a un par de calles de Savage Gardens. No obstante, en 1845, bajo la denominación Morgan Jun. & Ridge, volverían a tener su sede en esta calle, en concreto en el número 24 y allí permanecerían hasta 1865.

En todo caso, el gran cambio que tuvo lugar durante los años cuarenta para la familia Morgan fue el inicio de una diversificación del negocio, incidiendo especialmente en el comercio del Jerez. Desde sus inicios la empresa había distribuido este licor, si bien condicionada por la distancia al sur de España, su lugar de producción y distribución.

Javier Maldonado Rosso gran experto en el tema explica la evolución de la industria del Jerez y plantea que se puede hablar de tres generaciones diferenciadas de distribuidores de este licor al mercado británico entre los siglos XVIII y XIX. La primera abarca hasta el fin de las guerras napoleónicas y la conforman los pioneros británicos, que arribaron a España en el periodo a caballo de estos dos siglos y, en muchos casos de forma accidental, fundaron o adquirieron bodegas y casas exportadoras. Una segunda generación, que se extiende hasta la cuarta década del siglo XIX, impulsó el negocio con un crecimiento espectacular de las exportaciones de los vinos de la zona hacia el mercado británico y un aumento de las empresas dedicadas al almacenamiento de vinos. Finalmente, en una tercera fase:

> La continua expansión del mercado británico respecto a los vinos de Jerez despertó unas expectativas sobredimensionadas entre los comerciantes británicos, que parece se dispusieron a conquistar los centros productivos del Marco del Jerez, a fin de controlar el negocio desde su fase inicial. Tales sabemos que fueron los casos de Perkins y Bradley y de Allen, Morgan y Cª comerciantes británicos que venían actuando en Inglaterra como mayoristas, comprando vinos a diferentes agentes británicos de casas exportadoras jerezanas y portuenses, para su posterior distribución por las redes que habían tejido en aquel país. En este periodo se propusieron no ya ascender de ese segundo nivel de comercialización en el que se encontraban, pasando a constituirse en agentes de alguna casa jerezana, sino que se instalaron en la zona como casas exportadoras.[6]

Así pues, como primer paso para el desarrollo de esta tercera fase, la familia Morgan creó en 1841 en asociación con John Allen (un destacado comerciante de licores establecido en Oporto) la citada Allen y Morgan Cª. que estableció una de sus sedes en El Puerto de Santa María. Como representante de los Morgan, el segundo de los hijos de Thomas Morgan,

---

6. Javier Maldonado Rosso, *La formación del capitalismo en el marco de Jerez: De la vitivinicultura tradicional a la agroindustria vinatera moderna (siglos XVII y XIX)*, Huerga y Fierro Editores, Madrid, 1999, p. 263.

Francis Morgan, se trasladaría a España.

El hecho es que con Thomas Morgan y posteriormente con Tomas Jr. dirigiendo el negocio desde Londres, Francis Morgan debió encargarse de crear la red de producción y exportación necesaria para evitar intermediaciones. Aunque Allen y Morgan se liquidó en 1847 (a favor de Morgan Jr & Ridge), Francis Morgan permaneció en España y se convirtió en un enlace fundamental con la empresa familiar, si bien estableció sus propios vínculos. Es más, a través de él continuará nuestra historia ya que aunque probablemente en un principio pensara residir en España de forma temporal acabaría por asentarse definitivamente tras su boda con María Manuela Osborne y uno de sus hijos será precisamente el protagonista de esta obra.

En cuanto a las trayectorias de Thomas Jr. y de Aaron Augustus, el primero, aunque entregado al negocio vinatero, tenía una profunda pasión (parece que compartida por otros miembros de la familia) por la arqueología. De hecho, fue miembro desde su juventud de la *British Archaeological Association* y dada su experiencia en asuntos contables se convirtió en su tesorero, llegando a ser posteriormente su vicepresidente y tesorero honorario. En este terreno, cultivó su afición hasta su muerte en 1892 y fue autor de diversos artículos e incluso publicó un libro de cierta relevancia: *Romano-British mosaic pavements; a history of their discovery, and a record and interpretation of their designs*.

Thomas Jr. se estableció en Lamberth, no demasiado lejos de Dulwich y tuvo una numerosa familia. Sus hijos Albert Charles Frederick y Ernest Kennedy Buckley seguirían su afición por la arqueología y pasarían a ser miembros de la *British Archaeological Association*, aunque sólo el primero continuaría en el negocio familiar pues Ernest, se convertiría en reverendo anglicano. De hecho, Albert se instalaría en Portugal, en Vila Nova de Gaia, una población separada de Oporto por el río Duero y se casaría con Marian Fladgate hija de John Alexander Fladgate, de Taylor, Fladgate & Co uno de los principales comerciantes de Oporto. Igualmente James, hijo de Ernest, también marcharía a Portugal y ambos desempeñarían una tarea semejante a la de Francis Morgan en España. Otros hijos de Thomas Jr., como Aaron Herbert continuarían el negocio desde Inglaterra.

Aaron Augustus Morgan, tras sus estudios en el St. John's College de Cambridge, se convirtió en reverendo y ejerció en diversos lugares del Reino Unido y también como capellán de campaña durante la Guerra de Crimea. Murió en Tívoli, cerca de Roma en 1888. Es autor de dos interesantes obras, por un lado *The mind of Shakspeare*, sobre este autor, e igualmente de una traducción del *Eclesiastés*.

La familia Böhl de Faber

Los padres de María Manuela Osborne Böhl de Faber eran Thomas Osborne Mann y Aurora Böhl de Faber. El primero era un comerciante de vinos procedente del sur de Inglaterra mientras que Aurora era la segunda hija del matrimonio formado por Juan Nicolás Böhl de Faber y Francisca Ruiz de Larrea (más conocida como Frasquita Larrea). Su hermana mayor era Cecilia Böhl de Faber, la famosa escritora conocida por su pseudónimo de Fernán Caballero.

El matrimonio de Juan Nicolás Böhl de Faber y Frasquita Larrea conforma una de las parejas intelectualmente más interesantes de principios del siglo XIX en España. Juan Nicolás (Johannes Niklaus) Böhl de Faber había nacido el 9 de diciembre de 1770 y era el primogénito de los cinco hijos de Juan Jacobo Böhl, comerciante de Hamburgo que pertenecía a la pequeña nobleza. Juan Nicolás estuvo muy unido con su hermano pequeño Antonio Amadeo (Anton Gottlieb) nacido en 1772, con el que compartió educación y responsabilidades en la delegación comercial que su padre había fundado en Cádiz y que comerciaba con telas de lino de Silesia.

Nacidos en el seno de la religión luterana, ambos hermanos tuvieron como tutor al famoso pedagogo y escritor alemán Joaquim Heinrich Campe quien les proporcionó una esmerada educación. Campe, seguidor de las ideas de Rousseau, se ocupó también de la educación de otros afamados personajes como los hermanos Humboldt y, de hecho, Wilhelm von Humboldt[1] estaría años más tarde en Cádiz como huésped de Juan Nicolás.

Entre los Campe (Joaquim Heinrich y su esposa Dorothea) y Juan Nicolás se establecieron unos profundos y duraderos lazos de cariño, hasta el punto de que éste llegó a referirse a ellos como sus padres adoptivos, aunque también mantuvo con Elisa, una sobrina política de Campe, una larga y fructífera correspondencia. Tal vez la prueba más definitiva del vínculo entre tutor y alumno sea que en la obra más conocida de Campe,

---

1. Wilhelm (1767-1835) y Alexander (1769-1859) von Humboldt, el más conocido de los dos, conforman una de las parejas de hermanos más destacadas en el tránsito entre los siglos XVIII y XIX. Ambos nacieron en Berlín, en el seno de una familia de clase alta (su padre había sido alto funcionario de Wilhelm II) lo que propició que recibieran una esmerada educación. Marcados por la época en que vivieron, condicionada en buena medida por las consecuencias de la revolución francesa, son recordados por la influencia de ambos en los ámbitos en que desarrollaron sus carreras. Wilhelm se dedicó a la política y la administración pública, aunque también fue un destacado poeta y filólogo (especializado en filología comparada). Su hermano Alexander es considerado uno de los grandes naturalistas de todos los tiempos. A lo largo de su vida viajó por todo el mundo realizando numerosos descubrimientos y mediciones, y mostrándose como uno de los mayores defensores del método científico.

Robinson der Jüngere, que narra la historia de un niño en una isla desierta, el protagonista de nombre Johannes se inspirara de manera reconocida en Juan Nicolás.

Tras un periodo de estudio en Inglaterra, Juan Nicolás llegó a Cádiz con quince años para hacerse cargo del negocio familiar, labor en la que, al poco tiempo, le acompañaría su hermano. Éste demostraría una aptitud mucho mayor que la suya para el desempeño mercantil, mientras que él se mostraba cada día menos deseoso de ocuparse de los negocios y más de abandonarse a sus crecientes inquietudes literarias e intelectuales. Así, la vida continuó para él con una monotonía que sólo fue quebrada por la muerte de su padre y el segundo matrimonio de su madre con Martín Jacob von Faber, lo que proporcionó a ambos hermanos, además de un segundo apellido, una mejora de su rango nobiliario.

Juan Nicolás se casó con Francisca Xaviera Josefa Gregoria Ruiz de Larrea y Aherán, más conocida como Frasquita Larrea el 1 de febrero de 1796. La unión iba a dar lugar a una compleja relación personal e intelectual que, aun antes del matrimonio, debió superar algunos problemas derivados de las diferencias religiosas, dado que Frasquita era católica y Juan Nicolás protestante.

Él describe a Frasquita en una carta de 1797 a Elisa Campe como "muy morena, con abundante cabello castaño, hermosos ojos, bonitas cejas, nariz fea y grande, boca grande con labios rojos y dientes sanos. Tiene buena disposición para todo, pero su cultura se ve entorpecida por algunas ideas románticas fuertemente arraigadas".[2]

Frasquita Larrea era la única hija del matrimonio formado por un hidalgo vasco de nombre Antonio Ruiz de Larrea nacido en Mendiola cerca de Vitoria (aunque su familia procedía de Zuazo, también en Álava), establecido en Cádiz a mediados del siglo XVIII, y de Francisca Xaviera Aherán y Molonny de origen irlandés. Frasquita había recibido una magnífica educación tanto en Francia como en Inglaterra y había desarrollado un sentido romántico (como indica su marido), curiosamente combinado con anhelos que, en cierto modo, podría describirse como feministas en el contexto de su tiempo como E. Herman Hespelt apunta, señalando su "deseo de participar en la vida intelectual y política de su tiempo".[3]

El matrimonio comenzó con un largo viaje a Alemania en el que fueron acompañados por la madre de Frasquita. Su hija mayor, Cecilia (que con el tiempo sería una muy conocida escritora bajo el pseudónimo de Fernán Caballero)[4], nació en Suiza pocos meses después.

---

2. Elisabeth Campe, *Versuch einer Lebensskizze von Johan Nikolas Böhl von Faber. Nach seinen eigenen Briefen*, Als Handschrift gedruckt, Brockhaus, Leipzig, 1858, p. 38.
3. E.Herman Hespelt, *Francisca de Larrea, a Spanish Feminist of the early Nineteenth Century*, Hispania XIII, 3 (Mayo 1930), pp. 173-186.
4. Cecilia Böhl de Faber (1796-1877) ha pasado a la historia de la literatura bajo su pseudónimo de

De regreso a España, Juan Nicolás debió hacerse cargo él solo del negocio, tras la muerte de su hermano causada por la peste bubónica que asoló Cádiz. En esta ciudad, en un periodo de cuatro años, nacerían los otros tres hijos del matrimonio: primero Aurora en 1799, a la que sigue en 1800 el único varón Juan Jacobo (Johann Jakob) y finalmente Ángela en 1803.

También éstos son los años en que tuvieron lugar las famosas tertulias literarias que organizaba Frasquita y, a través de las cuales, contactó con destacados personajes como Blanco White[5] con quien pese a sus divergencias ideológicas le uniría una larga amistad. Estas tertulias alcanzaron un gran renombre y, sin ir más lejos, son citadas por Pérez Galdós en sus *Episodios Nacionales*[6], en concreto en el episodio *Cádiz*, en el que se la confronta a la tertulia de carácter liberal de doña Margarita López de Morla (llamada Doña Flora por Galdós):

> Es preciso defender la libertad hasta en las tertulias -dijo un obispo, o un lechuguino, que esto no lo recuerdo bien.
> En las trincheras es mejor -repuso doña Flora-. No quiero reñir con Paquita Larrea, que si ella recibe a los Valientes, Ostolazas, Teneyros, a los Morros y Borrulles, yo tengo el gusto de que vayan a mi casa los Argüelles, Torenos y Quintanas, y no porque los haya escogido en el haz de los que llaman liberales, sino porque casualmente concordaron en ideas.
> [...]
> Debo indicar, que doña Francisca Larrea, esposa del entendido y digno

---

Fernán Caballero. Se trata de una de las principales escritoras españolas del siglo XIX (y probablemente de todos los tiempos) y, sin duda, ha sido la más traducida de su época. La característica principal de sus obras es la importancia que le da al elemento costumbrista en sus narraciones, en las que describe, bajo su prisma moralizante y pretendidamente ingenuo, los hábitos, tradiciones y diferentes tipologías de la sociedad de su tiempo, especialmente la andaluza. Uno de sus principales intereses literarios fue, de hecho, el de la recuperación del folclore tradicional. Escribió, entre otras, *La gaviota* (probablemente su obra más conocida), *Clemencia*, *La familia Alvareda*, *Un servilón y un liberalito*, *El Alcázar de Sevilla*, *Una en otra*, *Elia*, *Lágrimas*, *Callar en vida y perdonar en muerte*, *Cuentos populares andaluces*, *Más largo es el tiempo que la fortuna*, *Un verano en Bornos*, *Cosa cumplida sólo en la otra vida: Diálogos entre la juventud y la edad madura*, *La farisea*, etc.

5. José María Blanco y Crespo (1775-1851), llamado Blanco White, era hijo del vicecónsul inglés en Sevilla. Se ordenó como sacerdote católico y desempeñó el cargo de canónigo magistral en Cádiz y Sevilla. Tras su estancia en estas ciudades, pasó a Madrid en la época de la invasión francesa de España durante el periodo napoleónico, distinguiéndose en su lucha contra los ocupantes. En 1810, tras una crisis espiritual y debido a conflictos ideológicos, viajó a Inglaterra, donde permanecería hasta su muerte. Allí fue profesor en la Universidad de Oxford, lugar en el que entabló una cordial amistad con el futuro cardenal Newman (que en aquella época todavía cultivaba la fe anglicana). Blanco White se convirtió al anglicanismo y comenzó a desarrollar una fecunda labor literaria y periodística caracterizada por sus feroces ataques a España y a todo lo español.

6. *Los Episodios Nacionales* son probablemente las más reconocidas novelas históricas del bautizado como padre del realismo moderno español, Benito Pérez Galdós (1843-1920). Se trata de cinco series de relatos históricos que se centran en algunos momentos de la historia de España ocurridos entre el reinado de Carlos IV y la época de la Restauración, contemporánea al propio Galdós. Este autor marca un hito importante dentro de la narrativa española del siglo XIX y a su pluma se deben, aparte de los citados *Episodios Nacionales*, obras como *Doña Perfecta*, *Marianela*, *La familia de León Roch*, *La desheredada* o *Fortunata y Jacinta*.

alemán Böhl de Faber, era mujer de mucho entendimiento, escritora, lo mismo que su marido a quien eran muy familiares los primores de la lengua castellana. De este matrimonio, nació Eliseo Böhl[7] a quien debemos las mejores y más bellas pinturas de las costumbres de Andalucía, novelista sin igual y de fama tan grande como merecida dentro y fuera de España.[8]

Juan Nicolás volvió a Alemania en 1805, acompañado de su esposa, su hija mayor Cecilia y su hijo Juan Jacobo, con la intención de comprar una finca y establecerse allí. Sus otras dos hijas, Aurora y Ángela, se quedaron en la población gaditana de Chiclana con su suegra. Pese a adquirir una hacienda señorial en Mecklemburgo, la convivencia no funcionó y Frasquita le abandonó en la primavera de 1806 y regresó a España. La separación sería absoluta hasta 1812, año en que Frasquita volvería a Alemania con sus hijas pequeñas (después de haber pasado una temporada en Inglaterra durante los últimos meses de vida de su madre). El año siguiente, una serie de acontecimientos (especialmente la pérdida de la hacienda alemana debido a las deudas de Juan Nicolás y su conversión al catolicismo) llevaron a la reconciliación del matrimonio que se concretó con su regreso a España.

Durante la separación, Frasquita fue testigo del sitio de Cádiz, de algunos de los principales hechos de la Guerra de la Independencia y del impacto de las guerras napoleónicas durante el peligroso viaje del año 1812. Fue precisamente este periodo el que le despertó sentimientos patrióticos que se plasmaron en muchas de sus cartas y escritos, y que reforzaron sus ideas sobre la nobleza de ideales que emana del pueblo llano.[9]

La vuelta a España de la familia coincidió con una época de penuria

---

7. La referencia de Galdós a Eliseo Böhl se corresponde obviamente a Cecilia Böhl de Faber.
8. Benito Pérez Galdós, *Guerra de la independencia. Tomo II. (Episodios Nacionales)*, Algaba Ediciones, Madrid, 2008, p. 312.
9. Napoleón consideró largo tiempo a España como un útil aliado. Sin embargo, el debilitamiento que supuso la destrucción de la flota española en Trafalgar, junto a los conflictos sucesorios españoles, le hicieron plantearse la invasión del país y la sustitución de la monarquía española por otra encabezada por un miembro de su propia familia. Siguiendo esta idea, Napoleón se apoderó de España e implantó la regencia de su hermano José Bonaparte. En esta maniobra Napoleón sólo valoró la debilidad de la monarquía española y pasó por alto la actitud del pueblo español. El 2 de mayo de 1808, se produjo un levantamiento popular que dio inicio a la denominada Guerra de la Independencia, que fue fundamentalmente una guerra de guerrillas que tuvo lugar entre 1808 y 1814. La guerrilla era el único planteamiento militar capaz de hacer frente al ejército napoleónico, contra el que no cabía actuar por los medios convencionales. Se trataba de un movimiento armado de participación popular en la que los componentes de cada "partida", o unidad armada, podían proceder tanto del ejército regular como ser campesinos o incluso bandoleros. Algunos cabecillas como Juan Martín *El Empecinado*, Espoz y Mina o el Cura Merino se convirtieron en auténticos héroes. Durante la contienda, los franceses debieron combatir también contra las fuerzas inglesas que, bajo el mando del Duque de Wellington, ayudaron al pueblo español a expulsar a los franceses en 1814. La Guerra de la Independencia española fue la primera de las guerras de liberación nacionales en la que el imperio napoleónico fue vencido y tuvo una enorme resonancia en el resto de Europa. En el terreno literario el conflicto trajo consigo el germen del movimiento romántico en España, pues despertó el deseo por la libertad, un tema netamente romántico. En ello también tuvieron mucha influencia las traducciones al español de obras como las de Byron, Chateaubriand o Goethe.

económica, especialmente desde 1815 que se concretó en la quiebra definitiva de los negocios familiares. No obstante, éste fue un periodo fructífero de creación, con traducciones de Frasquita de Chateaubriand o Byron, así como con obras propias como los relatos de viajes a Bornos, Ubrique y Arcos de la Frontera, en los que compone un cuadro fundamentado en sus descripciones del paisaje y en la idea del campesino como depositario de la integridad y las virtudes.

Por su parte Juan Nicolás se vio inmerso en una contienda intelectual con Alcalá Galiano y José Joaquín de Mora, a propósito de su reivindicación, en un tono conservador y para algunos reaccionario, de lo que luego se llamaría el Romanticismo Histórico español, que exalta la supuesta particularidad de lo español y las glorias de épocas pasadas frente al Racionalismo ilustrado. De hecho, se ha dicho que el romanticismo entró en España a través de los Böhl de Faber.

La situación económica comenzó a mejorar cuando, alrededor de 1820, Juan Nicolás empezó a trabajar para la firma vinatera Duff-Gordon. En privado ironizaba sobre su destino, que le había llevado a convertirse en "tratante de coñac". Sin embargo, la familia alcanzó en poco tiempo una prosperidad que permitió que sus hijas hicieran buenos matrimonios y, desde un punto de vista más centrado en lo intelectual, que pudiera continuar con sus aficiones literarias, con el relajamiento de sus preocupaciones económicas y con la posibilidad de adquisición de nuevos libros, que le llevaron a conformar una biblioteca única. Fue en esta última época cuando, en mayor medida, se reconocieron sus méritos literarios como ilustre hispanófilo, y cuando ingresó en la Academia Española de la Lengua.

A principios de los años veinte, la empresa Duff-Gordon se trasladó a El Puerto de Santa María y con ellos Juan Nicolás, Frasquita y el resto de la familia, excepto su hijo varón que vivía en Alemania. Aquí se desarrollaron sus últimos años, con Frasquita presentando unos síntomas de neurastenia cada vez más patentes y con Juan Nicolás empeorando su salud por momentos, víctima de una más que probable diabetes. Finalmente, Juan Nicolás murió el 9 de noviembre de 1836 y Frasquita lo hizo sólo dos años después, el 14 de septiembre de 1838.

De Duff-Gordon a Osborne

Aurora, la segunda hija del matrimonio Böhl de Faber, apenas ha sido mencionada en el capítulo anterior. Su figura ha quedado eclipsada por la de sus padres y la de su hermana, pues asumió un papel de esposa, madre y abuela, alejada de veleidades intelectuales o de los asuntos de negocios. No obstante, a través de las cartas y descripciones de su familia cercana, se puede componer un cuadro bastante aproximado de su vida.

María de la Aurora Josefa Rosalía Canuta Böhl de Faber y Ruiz de Larrea nació en Cádiz el 19 de enero de 1799. Era la segunda hija del matrimonio, apenas dos años menor que su hermana Cecilia. Buena parte de su infancia coincidió con la separación de sus padres, quedando ella con su madre junto a su hermana Ángela, mientras que su hermana Cecilia y su hermano Juan Jacobo permanecieron en Alemania con su padre. Aunque sus primeros años transcurrieron en Cádiz, casi toda su niñez discurrió en la pequeña población de Chiclana, junto a su abuela materna y a su madre.

Entre finales de 1811 y de 1813 Aurora viajó con su madre a Alemania, vía Inglaterra y Francia, y desde allí retornaron con toda la familia reunida, excepto su hermano. Tanto para Aurora como para su hermana pequeña Ángela, con alrededor de diez años de edad, este viaje debió de suponer toda una odisea, en la que fueron testigos de la muerte de su abuela materna y del caos que la guerra había provocado en Europa.

Tras el largo viaje, la familia volvió a establecerse en Cádiz capital. Es en esta época, exactamente en 1816, con apenas diecisiete años, cuando su padre la describe en una carta a la esposa de Campe del siguiente modo: "la segunda, Aurora, es una dócil y encantadora muchacha, aunque es algo delicada de salud, lo que nos da preocupaciones". En todo caso, su carácter juvenil debió de ser extremadamente jovial, pues, en otros lugares, es descrita como "una chiquilla de alegría casi irresponsable".[1]

Poco tiempo después, Juan Nicolás comenzó a trabajar para Duff-Gordon y la familia superó sus dificultades económicas. Fue entonces cuando Aurora recibió una propuesta de matrimonio. Pese a que inicialmente su madre puso algunas objeciones a su pretendiente, debidas seguramente a la diferencia de edad, contó con la aprobación plena de sus padres y fue la única de sus hijas que les dio nietos.

Las bodas de sus hermanas resultaron mucho más conflictivas. Cecilia se

---
1. Elisabeth Campe, *Versuch einer Lebensskizze von Johan Nikolas Böhl von Faber. Nach seinen eigenen Briefen*, Als Handschrift gedruckt, Brockhaus, Leipzig, 1858, p. 85.

casó hasta tres veces; primero en un desvarío juvenil con un joven capitán del ejército que murió al poco tiempo, luego, en un matrimonio en el que fue realmente feliz, con el Marqués de Arco Hermoso y finalmente, en su madurez, con un joven llamado Antonio Arrom, sin demasiado que ofrecerle y que acabó suicidándose.

Su hermana pequeña Ángela, con un defecto en la cadera desde su juventud que la hacía cojear, casó primeramente con el barón de Chatry de la Fosse, militar francés que llegaría a alcanzar el rango de general, quien es descrito por Frasquita Larrea como "viejo, protestante, enfermo y mujeriego". Ciertamente era bastante mayor que Ángela, que sólo contaba veintiún años cuando se casó, padecía, entre otros síntomas, de incontinencia urinaria y era jacobino. Con él Ángela vivió largos periodos en París hasta la muerte del militar en 1848. En segundas nupcias se casaría felizmente con Fermín de Iribarren, hermano del Marqués de Villarreal y Purullena y amigo de su hermana Cecilia.

Ni Cecilia ni Ángela tuvieron hijos en ninguno de sus matrimonios. Su hermano Juan Jacobo, por el contrario, tuvo ocho hijos, aunque el hecho de vivir en Alemania supuso en buena medida un enfriamiento en cuanto al contacto y a la hondura de sus relaciones familiares con España.

Aurora se casó en la Iglesia Prioral del Puerto de Santa María el 12 de noviembre de 1825 con Thomas Osborne Mann, importante socio de Duff-Gordon. Osborne Mann era un respetable y ambicioso hombre de negocios, podría decirse que la cara opuesta de Juan Nicolás Böhl de Faber pues poseía un innato empuje comercial.

Thomas Osborne Mann procedía de Inglaterra donde había nacido en Exeter (Devon) en 1781. Su familia, perteneciente a la pequeña nobleza rural inglesa, había vivido, al menos desde mediados del siglo XVI, en el área de Paignton, donde poseían un pequeño señorío. Hoy en día, se trata de una importante ciudad turística cercana a Torquay e integrada en la denominada "Riviera Inglesa". Hasta el siglo XIX, Paignton no fue más que una villa de pescadores y las aldeas del municipio que estaban en el interior como Stoke Gabriel (de donde eran naturales muchos de los Osborne) tenían como principal riqueza la que procedía de la agricultura, en especial de los frutales y de la sidra que allí se producía.

Él era hijo del Reverendo Peter Osborne que había sumado a las posesiones familiares de Paignton otras tierras algo más al norte de Devon, en las cercanías de la importante ciudad de Exeter. El heredero de todas ellas fue el hermano mayor de Thomas, también llamado Peter, quien había estudiado en el Exeter College de Oxford y que también fue reverendo. Éste se casó con Charlotte Shore, hija mayor de Lord Shore, Primer Barón de Teignmouth y, en virtud de su cargo en la *East India Company*, Gobernador General de la India de 1793 a 1797.

Thomas Osborne Mann llegó a España a principios del siglo XIX (aunque según otras fuentes se dice que lo hizo a finales del XVIII) seguramente en busca de fortuna, dado que, por un lado, las herencias familiares habían pasado a su hermano y, por otro, el área de Cádiz presentaba unas grandes oportunidades comerciales. No obstante, años después, cuando Peter murió sin descendencia hacia 1850, las posesiones familiares pasaron a Thomas Osborne.

Al poco de su llegada a España, se convirtió al catolicismo en Cádiz, donde se había asociado con *Lornegan y White*, una importante firma de banqueros y comerciantes junto a los que comenzó a desarrollar su propia agencia de exportación, en la que se unió a Daniel Macpherson, y que comerciaba con un gran número de productos desde especias a azúcar o tabaco.

Muy pronto entró en contacto con Sir James Duff, cónsul británico en Cádiz, y con su sobrino William Gordon que habían fundado en 1772 una de las casas pioneras dedicadas a la producción y exportación de vinos, denominada Duff-Gordon. James Duff era soltero y su sobrino William (hijo de su hermana Ann) se convirtió en su heredero. Asociado a la empresa Duff-Gordon, Thomas Osborne tuvo un papel muy relevante en la misma. A principios del siglo XIX, James Duff era ya anciano y William no podía asumir la carga de la empresa, pues desde 1807 era miembro del parlamento británico como representante de Worcester y pasaba su tiempo en Inglaterra. De esta forma, a la muerte de su tío en 1815, heredó su título de barón y cambió el nombre de su familia de Gordon a Duff-Gordon.

Thomas Osborne Mann y Aurora formaron una familia sólida cuya fortuna iba en incremento y que pronto se iría completando con hijos. Primero nacieron tres hijas: María Manuela en 1827, Cecilia en 1831 y Francisca Xaviera en 1833. El primer hijo varón fue Tomás que nació en 1836 y poco después, en 1838, nacería el último de los hijos, Juan Nicolás, cuya madrina de bautismo sería precisamente su hermana mayor María Manuela.

Los hijos del matrimonio fueron educados en Inglaterra lo que supuso el inicio de una tradición entre los Osborne que se prolongó durante largo tiempo. Los niños de esta primera generación, previa a la aparición de las escuelas públicas católicas en Inglaterra, fueron enviados a Newark-on-Trent donde el erudito sacerdote James Waterworth tenía una escuela a la que acudían los hijos de importantes familias católicas inglesas.

Entre los Osborne primaba el bilingüismo tanto por razones sentimentales como por cuestiones prácticas relacionadas con el negocio. Estas razones por sí solas justifican la educación en Inglaterra y el hecho de que mantuviesen la doble nacionalidad, aun cuando en lo relativo a hábitos y forma de vida gustaban de ser españoles. Esto se refrenda por la castellanización de los nombres, y es especialmente significativo en el caso del varón primogénito

Tomás, sin hache y con acento.

Osborne Mann adoraba a su esposa y ella lo colmó de felicidad. Para él, un hombre ya maduro cuando se casó, Aurora debía de parecerle un ángel que satisfacía todos sus anhelos y que le proporcionó hijos fuertes. Los niños fueron la alegría de toda la familia, tanto de sus tías como de sus abuelos, aun cuando a la muerte de Juan Nicolás Böhl de Faber, Tomás, el mayor de los varones, apenas contaba unos meses.

Cecilia Böhl de Faber nos proporciona múltiples muestras de cariño hacia los hijos del matrimonio, en particular hacia los chicos con los que se carteó de manera afectuosa toda su vida. También se llevó bien con sus sobrinas aunque con ellas (y con los maridos de éstas) tendría ciertos problemas.

La casa de los Osborne era rica y notoria, de modo que era frecuente la presencia de invitados ilustres. Uno de sus más conocidos visitantes fue el escritor americano Washington Irving, quien entablaría amistad con varios miembros de la familia como Juan Nicolás Böhl de Faber y su hija Cecilia, pero particularmente con Thomas Osborne Mann debido a la gran afición del escritor por el Jerez.

Irving visitó El Puerto de Santa María durante su primera estancia en España. Había nacido en Nueva York en 1783 y tras la muerte de su madre decidió permanecer un largo periodo de tiempo en Europa. Los últimos años de la década de los veinte del siglo XIX los pasó en España dedicándose a la investigación para su biografía de Colón, pero también escribiendo y viajando por todo el país, especialmente por Andalucía, lo que le permitió relacionarse con muchos personajes españoles de la época.

El Puerto de Santa María fue uno de sus destinos. Allí entabló una estrecha relación con los Osborne y se dice que completó una de sus obras maestras, los *Cuentos de la Alhambra*, en una de las fincas de la familia, El Cerrillo. Su relación con ellos continuó durante muchos años y se puede decir que Irving asumió el papel de embajador del Jerez al otro lado del Atlántico. De hecho, a su vuelta a América puso de moda en Nueva York el *Sherry Cobbler*, un combinado compuesto de Jerez, agua, limón y azúcar.

Pero, más allá de la anécdota, lo que es indudable es que nada distrajo realmente de su trabajo a Thomas Osborne Mann y, gracias a su esfuerzo, la empresa fue creciendo tanto en capacidad productiva (en un principio la orientación principal del negocio iba dirigida específicamente a la comercialización) como en ventas (entre los más destacados clientes se encontraban varias casas reales). Cuando murió en El Puerto de Santa María, el 16 de febrero de 1854, dejó tras de sí una considerable fortuna y un próspero negocio que perdura hasta la actualidad.

Su esposa Aurora le sobreviviría quince años en los cuales se convertiría en la feliz matriarca de la familia, rodeada de sus numerosos nietos. Pero también en estos años debería afrontar las desavenencias familiares provocadas por los enfrentamientos entre sus yernos y su hermana Cecilia, y dar de nuevo pruebas de su carácter bondadoso. Su hermana, en una situación económica muy complicada, debida fundamentalmente a la desastrosa administración que su último marido Antonio Arrom hizo de sus bienes, chocó con los maridos de sus hijas Cecilia y Paca (Francisca Xaviera), que eran dos importantes marqueses y que les chantajearon y obligaron a abandonar El Puerto de Santa María, pues deseaban evitarse incomodidades y burlas.

En este periodo, sería Aurora quien mantendría a su hermana y cuñado. Así, años después, Cecilia Böhl de Faber escribió sobre este tema a Tomás, el hijo mayor de Aurora, y le explicó como recibía de su madre una onza de oro mensual, mientras su joven marido trataba de abrirse camino con los negocios y en la carrera diplomática como cónsul de España en Australia:

> No tenía más que una onza al mes, que debí a la caridad de tu buena madre, pues, aunque tu tío estipuló como condición para ceder e irse, el que se me diese una onza entre tanto que empezase a cobrar un sueldo [...] tal ultraje a una mujer como yo, hermana de una mujer como Aurora, madre de sus mujeres, viuda del dueño de todo.[2]

Los últimos años de Aurora vinieron marcados por los problemas de salud. Hacia 1868 le apareció un bulto en el pecho, síntoma de un cáncer de mama que le fue diagnosticado en París. Tras unos meses de incertidumbre y sufrimiento en la capital francesa siendo tratada por médicos tan ilustres como Auguste Nélaton fue finalmente Aurora quien decidió no operarse y regresar a su hogar. Allí, en El Puerto de Santa María, finalmente concluyó su agonía el 1 de febrero de 1869, día en que murió rodeada de sus cinco hijos.

La herencia del matrimonio entre Thomas Osborne Mann y Aurora Böhl de Faber va mucho más allá de sus bienes y de su legado económico. Osborne Mann levantó una importante empresa, pero quizás es más relevante que la familia se integró perfectamente con su entorno y supo convertirse en referente en diversas facetas, aunque especialmente en la vida social de su región.

En cualquier caso, respecto a su legado comercial, cabe destacar el hecho de que a mediados del siglo XIX se había producido la compra de las acciones de los Duff-Gordon y la toma de control completa de la empresa vinatera por parte de los Osborne, hecho que llevaría asociado, tiempo después, el cambio de denominación de la misma. Uno de los motivos de este cambio fue el de la introducción de los productos de la firma en el mercado español

---

2. Milagros Fernández Poza, *Frasquita Larrea y "Fernán Caballero" Mujer, revolución y romanticismo en España 1775-1870*, Biblioteca de Temas Portuenses, Ayto. El Puerto de Santa María, El Puerto de Santa María, 2001, p. 401.

(antes habían estado prácticamente restringidos al británico) lo que obligó a buscar una denominación con una buena sonoridad y fácil pronunciación tanto en inglés como en español.

Para comprender la pérdida de interés por parte de los herederos de Duff-Gordon que llevó a la venta de sus acciones, resulta ilustrativo analizar a los descendientes de los Duff-Gordon que fundaron la empresa. Los dos hijos varones de William Duff-Gordon, quien se había casado en 1810 con Caroline Cornewall, tuvieron una relación que podría calificarse en todo caso de muy poco comprometida, al menos en el terreno productivo. Tal vez su situación social, en lo más alto de la buena sociedad, y un cierto desdén por los asuntos comerciales fueran los desencadenantes de ello.

Uno de los hermanos, Cosmo (Cosme) Duff-Gordon nacido en 1812, tuvo una participación contrastada en la empresa. Cosmo ejerció tareas de representación en Inglaterra y, de hecho, su pista se puede seguir en tanto a la relación que tuvo con las peripecias de Cecilia Böhl de Faber (recordemos que ésta era hija del apoderado de la empresa) en sus viajes a Inglaterra, en especial el de 1836 en el que la acompañó y alojó en la casa familiar y del que Cecilia regresaría precipitadamente debido a la agonía de Juan Nicolás Böhl de Faber.

Sin embargo, Cosmo abandonó el negocio por completo en 1857 (y en 1872 reconoció a Tomás Osborne Böhl de Faber y a su hermano Juan Nicolás como únicos socios de la compañía) para pasar a ocuparse de otros asuntos en su país hasta su muerte en 1898. Curiosamente el hijo primogénito de Cosmo Duff-Gordon, también llamado Cosmo, pasaría a la historia como uno de los supervivientes del *Titanic*.[3]

Su hermano, Alexander Duff-Gordon, no tuvo relación apenas con los negocios familiares. Casado en 1840 con Lucy Austin, la que se convertiría en la famosa Lady Duff-Gordon, formó junto a ella una de las parejas más populares del Londres de mediados del XIX, que alternaba con un círculo de amigos entre los que se encontraban Dickens, Thackeray o Tennysson. A ella se la recuerda como autora del afamado libro de viajes *Cartas desde Egipto*, que describe el largo viaje que la pareja realizó a Oriente Medio.

La compra de las participaciones de la empresa Duff-Gordon y el cambio de propietarios no pasó inadvertido para la sociedad británica, aun cuando pudo generar algún pequeño desconcierto. En este contexto es revelador este

---

3. Sir Cosmo Edmund Duff Gordon (1862-1931) heredó el título de barón de su padre (que procedía de su tío abuelo James Duff, el que fuera cónsul inglés en Cádiz). Miembro del equipo olímpico de Gran Bretaña de esgrima en los Juegos de 1908, ha pasado a la historia como superviviente del hundimiento del Titanic en 1912. Él y su esposa embarcaron en un bote salvavidas casi vacío y se les acusó de sobornar a los tripulantes del bote para que no volvieran a recoger a otros pasajeros que trataban de sobrevivir en las heladas aguas. Aunque fueron absueltos de cualquier cargo, su reputación se resintió sobremanera. Curiosamente los Duff-Gordon se registraron en el Titanic con apellido supuesto, haciéndose llamar señores Morgan.

fragmento de una carta fechada en agosto de 1862, fruto del intercambio de correspondencia entre Sarah Austin, famosa autora y madre de Lady Duff-Gordon (y suegra de Alexander Duff-Gordon), con John Linnell, un pintor victoriano muy conocido:

20 de agosto de 1862.

Estimado señor Linnell,

Espero disculpe el largo retraso en responder a su cuestión. Lo cierto es que debido a la prisa y la agitación por la segunda partida de mi querida hija (comienza hoy en los Pirineos y de allí a Egipto) lo olvidé, lo que estoy segura que me disculpará. Mi yerno nunca tuvo relación con el comercio en la empresa "Duff Gordon Sherry", que debido a la muerte de su padre pasó a sus manos cuando era un niño. Su hermano estuvo relacionado en ello durante algunos años, pero se retiró hace algunos años y ahora no tiene nada que ver con ello.
Me temo, por lo tanto, que no puedo ayudarle en el sentido que usted mencionaba. Nunca he sabido los nombres de los actuales sucesores en el negocio.[4]

---

[4]. Alfred Thomas Story, *The Life of John Linnell*, Richard Bentley and Son, London, 1892, pp. 132-133.

La boda de María Manuela

Desde la época del matrimonio entre Juan Nicolás Böhl de Faber y Frasquita Larrea, en cada generación aparecía algún miembro de la familia que se rebelaba contra los pareceres generales a propósito de la conveniencia de sus pretendientes. Así había pasado con Juan Nicolás y Frasquita, por razones religiosas, y se había repetido con el primer y tercer matrimonio de Cecilia Böhl de Faber y con el primero de su hermana Ángela. En su caso, la posición social que ocupaban las debería haber llevado a comprometerse con miembros de la aristocracia o de la alta burguesía (lo que sí hizo su hermana Aurora y también ellas mismas en sus respectivos segundos matrimonios).

En la siguiente generación, cuyos únicos miembros eran los hijos de Aurora (no se pueden tener en cuenta a los de su hermano Juan Jacobo que vivían en Alemania), también se volvió a producir un hecho similar de rebeldía, aunque, en este caso, los resultados fueron inesperadamente satisfactorios.

Recordemos que del matrimonio entre Osborne Mann y Aurora habían nacido tres hijas y dos hijos. Las hijas eran María Manuela, Cecilia y Francisca Xaviera, que se llevaban entre ellas seis años. Los chicos eran mucho más jóvenes y habían nacido durante los últimos años de vida de su padre. De hecho, cuando éste murió todavía no habían alcanzado la mayoría de edad.

María Manuela, la madre del Padre Francis Morgan, era la mayor, aunque este hecho tenía una relevancia relativa, dado que los que realmente contaban en cuanto a los negocios (y también socialmente) eran los herederos varones. Cuando María Manuela tenía veintidós años planteó a sus padres sus deseos de contraer matrimonio. Su siguiente hermana, Cecilia, comenzaba a planear su matrimonio con el Marqués de Castilleja del Campo y la pequeña no tardaría muchos años en hacerlo con el Marqués de Saltillo. La cuestión del matrimonio de María Manuela, que no debería haberse transformado en otra cosa que en una ocasión para la alegría, resultó ser una sorpresa no demasiado agradable para la familia, dado el candidato elegido.

Los Osborne, completamente españoles ya, por sus hábitos y relaciones sociales, y especialmente religiosos (evidentemente eran católicos), se vieron desconcertados por los deseos de María Manuela de casarse con Francis Morgan, asociado al negocio del vino pero con varios factores en su contra, y más si se le comparaba con sus cuñados.

Hasta Cecilia Böhl de Faber dejó constancia del asombro general y de su propio disgusto en varias cartas. En ésta del 15 de junio de 1849 dice al famoso erudito y amigo de la familia Eugenio Hartzenbusch:

> Mª Manuela se casa contra todo el gusto de la familia con un inglés, -cuando los padres son condescendentes al punto que lo son mi hermana y cuando se exponen a esto, -figúrese V. p.ª Aurora un protestante!!!![1]

Curiosamente justo en este mismo año se publicó una de sus obras más conocidas titulada *La Gaviota*. En ella se describe una situación con evidentes paralelismos, aunque con una conclusión diferente, cuando uno de los personajes femeninos rechaza, por razones religiosas, la petición matrimonial de un importante caballero inglés:

> -Pues aún falta lo mejor -continuó Rafael fijando sus miradas en una linda joven que estaba al lado de la marquesa viéndola jugar-. Sir John está enamorado perdido de mi prima Rita y la ha pedido. Rita, que no sabe absolutamente cómo se pronuncia el monosílabo "sí", le ha dado un "no" pelado y recio como un cañonazo.
> -¿Es posible, Rita -dijo el duque-, que hayáis rehusado veinte mil libras de renta?
> -No he rehusado la renta -contestó la joven con soltura, sin dejar de mirar el juego-; lo que he rehusado ha sido al que la posee.
> -Ha hecho bien -dijo el general-; cada cual debe casarse en su país. Éste es el modo de no exponerse a tomar gato por liebre.
> -Bien hecho -añadió la marquesa-. ¡Un protestante! Dios nos libre.
> -¿Y qué decís vos, condesa? -preguntó el duque.
> -Digo lo que mi madre -respondió ésta-. No es cosa de chanza que el jefe de una familia sea de distinta religión que la de ésta; creo, como mí tío, que cada cual debe casarse en su país, y digo lo que Rita: que no me casaría jamás con un hombre sólo porque tuviese veinte mil libras de renta."[2]

En aquella época, para que pudiera llevarse a cabo una boda entre un protestante y un católico resultaba necesaria la obtención de una dispensa papal. Eran por tanto las autoridades eclesiásticas y el Papa en último término, basándose, además de en su juicio, en el por entonces conjunto disperso y sin codificar de reglamentaciones que legislaban este tipo de cuestiones en la Iglesia Católica, quienes otorgaban dicha dispensa. Los criterios, tradiciones y elementos de juicio que se solían aplicar para esta cuestión son los que se concretaron en 1917 cuando se compilaron todas

---

1. Theodor Heinerman, *Cecilia Böhl de Faber y Juan Eugenio Hartzenbusch, una correspondencia inédita*, Espasa Calpe, Madrid, 1944, p. 89. Se ha conservado literalmente la redacción y escritura originales, tanto en ésta como en el resto de las cartas reproducidas.
2. Fernán Caballero, *La Gaviota*, Establ. Tipog. de Francisco de P. Mellado, Madrid, 1859, pp. 19-20.

las normas jurídicas de la Iglesia, tanto las terrenales como las religiosas, en el primer Código de Derecho Canónico. Según dicho código, la dispensa para los matrimonios mixtos se concedía sólo si había un compromiso previo, formulado por escrito por ambos cónyuges, de bautizar y educar a los hijos en la Iglesia Católica, al mismo tiempo, el cónyuge no católico debía comprometerse a evitar el peligro de *perversión* de la fe del cónyuge católico, mientras que a éste se le alentaba a empeñarse con prudencia en la *conversión* del otro cónyuge.

Ciertamente este compromiso explica el hecho de que todos los hijos que tendría el futuro matrimonio fueran educados en la fe católica. Además, María Manuela no fue pervertida, es decir, convertida al anglicanismo y aunque desconocemos su celo en los intentos de convertir a su esposo, el hecho es que éste conservó su fe de por vida.

En 1849, cuando se solicitó la dispensa, la Iglesia católica estaba regida por el Papa Pío IX quien en medio del inestable clima político de la época (recordemos que por entonces el Papa regentaba el poder temporal sobre amplios territorios de la incipiente Italia) tuvo que huir de Roma para salvar su vida en noviembre de 1848 y, aunque pocos meses después se restauró la situación con la ayuda del ejército francés, el Papa no regresaría al Vaticano hasta abril de 1850.

Esta situación extraordinaria demoró los planes de los novios y propició una cierta congoja entre la familia. En otra carta dirigida de nuevo a Hartzenbusch y fechada en febrero de 1850 Cecilia Böhl de Faber expresa su disgusto por la cuestión:

> María Manuela la morenita no está casada porque el Papa se da tan poca prisa en dar la licencia como en volver a Roma.[3]

Finalmente, la boda tuvo lugar el 3 de febrero de 1851 aunque con dos aspectos singulares, que fue celebrada en el Reino Unido y que se ofició tanto por el rito anglicano como por el católico. En todo caso, da la impresión de que la boda, al menos en cuanto a la rama española, no fue demasiado concurrida y contó con la significada ausencia del padre de la novia.

> Aurora ha ido a Inglaterra a casar a Mª Manuela que a fuer de inglesa goza de esta prerrogativa matrimonial – Osborne está remozado, Cecilia criando un hermoso niño Antonio y Ángela buenas y todos me encargan para V. mil y mil afectos.[4]

La celebración se llevó a cabo en Newark-on-Trent, en el condado de

---

3. Op. cit. [1], p. 115.
4. Op. cit., p. 126.

Nottingham, una ciudad por entonces de 11.330 habitantes, famosa por su producción de cerveza. Para la celebración por el rito anglicano se escogió la iglesia de Santa María Magdalena. Ésta es una de las más importantes iglesias parroquiales de todo el Reino Unido en la que su torre (la quinta más alta de Inglaterra) es su elemento más significativo, aunque no el único, pues en ella concurren hasta cuatro estilos arquitectónicos diferentes que se remontan hasta el periodo medieval.

Justo en la época de la boda se estaba iniciando una importante restauración de la misma, propiciada por el vicario, el Reverendo John Garrett Bussell. Las actuaciones más destacadas fueron la reconstrucción del órgano y la sustitución de la imagen del altar principal, que mostraba la resurrección de Lázaro, por un conjunto de escenas de la vida de María Magdalena. La ceremonia fue oficiada por otro reverendo, Aaron Augustus Morgan, el hermano del novio del que ya habíamos hablado. Éste se había ordenado en 1846 y desde entonces hasta 1855 ejerció como vicario en la modesta parroquia de Bradley apenas a treinta kilómetros de Newark. En cuanto a la boda católica, el celebrante fue James Waterworth, sacerdote erudito residente en la ciudad que también dirigía una escuela católica privada a la que habían acudido los hermanos de María Manuela años atrás.

A la boda le siguió la luna de miel que también tuvo lugar en Inglaterra, siendo el principal escenario de la misma un lugar particularmente singular, que nos da idea de las buenas relaciones y excelente posición de las familias de los recién casados. El lugar del que hablamos es la casa palaciega de Aston Hall en Birmingham.

Durante el siglo XVIII y el XIX, Birmingham había sufrido y continuaba sufriendo un proceso de crecimiento industrial que había provocado la expansión de la ciudad, y cuyo empuje había engullido zonas rurales cercanas. Una de ellas fue Aston, cuyo referente más importante era Aston Hall, un palacio rodeado de unos bellos y enormes jardines que había sido construido por Sir Thomas Holte entre los años 1618 y 1635, y que perteneció a su familia hasta que hacia 1817 fue adquirida por James Watt Jr. (el hijo mayor del famoso James Watt, creador de diversos ingenios como la máquina de vapor), James Watt Jr. era poseedor de una gran fortuna atesorada en plena época de desarrollo industrial y que había continuado la obra de su padre, pues a él se debe el establecimiento de la primera fábrica completa de máquinas de manufactura en el mundo.

James Watt Jr. vivió en Aston Hall hasta su muerte en 1848. Entre este momento y hasta que la propiedad fue adquirida en 1858 por una compañía que trató de crear allí un espacio de entretenimiento (antes de pasar definitivamente a la corporación municipal de Birmingham en 1864), no se conocen demasiados datos sobre sus propietarios. Parece que pudo volver a los Holte con los que los Morgan tenían relación, en concreto con Charles

Holte Bracebridge y su esposa que vivían en la casa palaciega de Atherstone Hall y que éstos optaron por cederla a algunos conocidos. Así, en Aston Hall residió por un breve tiempo James Shaw un pariente de los Morgan aunque todo parece indicar que en 1851 la casa se hallaba vacía.

Otro factor adicional que pudo contribuir a que pudieran disfrutar de aquel lugar tan especial pudo ser la intercesión del afamado escritor Washington Irving que, como ya se ha indicado, tuvo una relación especial con los Osborne y los Böhl de Faber. Precisamente María Manuela había nacido en 1827, justo durante el periodo de la primera estancia de Irving en España, y no es de descartar que su venida al mundo coincidiera con la época en que Irving ultimaba en El Cerrillo, los *Cuentos de la Alhambra*. En todo caso, aquella no había sido una relación episódica y, pese a la distancia, el escritor continuó manteniendo estrechos lazos con la familia de ella durante muchos años.

Por otro lado, Irving tenía familia cercana en la zona de Birmingham (exactamente vivían en Edgbaston), pues allí residían su hermana Sarah y su cuñado, que tenían dos hijos y dos hijas. Irving había vivido con ellos varios años, justo antes de venir a España. Su cuñado era Henry Van Wart, un importante comerciante y banquero de la ciudad. Durante la estancia de Irving en Birmingham, los Van Wart y el mismo Irving fueron invitados en varias ocasiones a visitar Aston Hall (justo era la época en la que vivía allí James Watt Jr.) e Irving se sintió tan impresionado por la casa que se sirvió de ella como base para una de sus novelas *Bracebridge Hall* (de hecho Bracebridge era el apellido auténtico del último propietario de la rama Holte que vivió allí). Así, no es en absoluto descartable la mediación de Irving para que María Manuela pasara allí su luna de miel, como tampoco lo es que su sobrino George Van Wart, que curiosamente era comerciante de vinos, desempeñara un papel importante en este asunto.

No es descabellado pensar que el viaje a Birmingham debió dejar huella en el joven matrimonio y conducirles a entablar relaciones que mantendrían a lo largo del tiempo. No cabe duda tampoco de que durante el periodo que permanecieron allí, contactaron necesariamente con miembros locales de la Iglesia Católica, pues, pese a las circunstancias de su matrimonio, ella era una ferviente católica (basta con ver la trayectoria familiar de sus antepasados y de sus descendientes) y siguiendo los preceptos de la misma debió acudir necesariamente a alguna de las iglesias católicas de la ciudad.

Ciertamente a principios de 1851 el ambiente en Birmingham, y en general en toda Inglaterra, no era precisamente muy favorable a los católicos. A finales de 1850 el papa Pío IX había restablecido la jerarquía católica en el país, creando diócesis y, por primera vez en siglos, cargos eclesiásticos. Fue la llamada "Agresión Papal". Hasta entonces los católicos habían vivido en una situación de completa marginalidad e incluso, hasta no hacía mucho, de privación de sus derechos civiles, pues se interpretaba la cuestión desde un punto de vista político, considerando que el Papa era el dirigente de un estado extranjero, y ser católico significaba renunciar a ser un buen inglés, al tener otro regente y otro estado a quien servir por delante de la reina o del Imperio británico.

Por ejemplo, William Ewart Gladstone, quien fuera primer ministro inglés, publicó Los decretos del Vaticano en su relación con la lealtad civil: Una objeción política, en el que afirmaba que: "nadie puede convertirse [al catolicismo] sin renunciar a su libertad moral y mental, y sin dejar su lealtad civil y su deber a merced de otro"[5]. O dicho de otra forma, que los católicos no podían ser a la vez súbditos leales del Papa y de la Corona británica.

La situación se transformaba en la práctica en una cuestión de marginalidad, patente en muchas situaciones. Por ejemplo, la cantidad de católicos que vivían en Birmingham en la época no era despreciable (sin ir más lejos, existía una numerosa colonia irlandesa católica) y, sin embargo, en 1848 sólo había siete sacerdotes en la ciudad y un total de setenta en toda la diócesis. En cuanto a iglesias apenas había cinco, contando la catedral y la capilla del cementerio católico, y un número similar de conventos.

El caso es que desde el anuncio de la restauración oficial de la jerárquica de la Iglesia Católica, se había producido un gran revuelo en todo el país, del que eran partícipes desde la monarquía hasta las clases sociales más humildes. La cuestión llegó al parlamento donde se intentó sacar adelante una ley que castigara penalmente a aquellos que asumieran títulos episcopales en el Reino Unido. Al mismo tiempo, se producían manifestaciones populares "anti-papales", como la que tuvo lugar en Birmingham el 11 de diciembre de 1850 ante el ayuntamiento de la ciudad y en la que participaron alrededor de ocho mil personas.

Residiendo en Aston Hall todo apunta a que María Manuela acudiera a la catedral de St. Chad, relativamente cercana, aunque es muy probable que tomara contacto con una recién formada Comunidad de felipenses (seguidores de San Felipe Neri), que se acababa de establecer en la ciudad en Alcester Street[6], cerca de la catedral y apenas a unas manzanas de donde residían los Van Wart. A la cabeza de ella estaba un distinguido y prestigioso personaje recién ordenado sacerdote católico llamado John Henry Newman, que no hacía mucho había abandonado una importante posición dentro de la iglesia anglicana y cuyos brillantes escritos y alocuciones, repletas de la mejor retórica, fueron uno de los principales elementos que, durante aquel verano de 1851, sirvieron para poner fin a la agitación y la polémica que se había generado.

---

5. William Ewart Gladstone, *The Vatican Decrees in their bearing on Civil Allegiance: A Political Expostulation*, Harper & Brothers, London, 1875, p. 13.
6. Poco tiempo después se trasladarían a su ubicación definitiva en Hagley Road.

Primeros Años

La familia Morgan-Osborne

La vuelta de la luna de miel supuso afrontar un periodo intenso, lleno de cambios y de novedades tanto para los recién casados como para toda la familia pues, en un breve intervalo, se celebrarían las bodas de las dos hermanas de María Manuela, y el patriarca de la familia, Thomas Osborne Mann, moriría al poco tiempo, en 1854.

Cecilia se casó con García de Porres y Castillo, séptimo Marqués de Castilleja del Campo y Francisca Xaviera, a quien todos en la familia llamaban Paca, con Antonio Rueda y Quintanilla, octavo Marqués de Saltillo. El matrimonio entre María Manuela Osborne y Francis Morgan fue pronto asumido por toda la familia. Cecilia Böhl de Faber, quien nos sigue sirviendo de testigo, la describe en una de sus cartas a Hartzenbusch en abril de 1852:

> Mª Mª vive muy feliz cumplidos todos sus deseos anglomanos que han salido bien con todo lo de aquella casa hija predilecta de la fortuna, pues el marido es buen sujeto y están muy felices.[1]

Por esta misma época, las hermanas comenzaron a rivalizar en partos y una nueva y numerosa generación emergió. El 12 de marzo de 1852 de nuevo Cecilia Böhl de Faber, indicaba a su corresponsal:

> Cecilia ha despachado ahora un hermoso niño de a folio – Mª Mª acaba de parir otro hermoso niño en cuarto, pero que promete engordar mucho según lo que traga.[2]

Este escenario se prolongó a lo largo del tiempo y la misma Cecilia Böhl de Faber escribía a finales de la década de los cincuenta:

> Aurora sigue muy buena, rodeada de nietos porque mis sobrinos no quieren que se acabe el mundo – que parir! –Dios mío! Y eso que crían, Mª Manuela tiene tres robustos varones en la tierra y uno en el Cielo –Cecilia 4 hermosísimas criaturas –Paca la más prudente tiene dos niños.[3]

---

1. Theodor Heinerman, *Cecilia Böhl de Faber y Juan Eugenio Hartzenbusch, una correspondencia inédita*. Espasa Calpe, Madrid, 1944, p. 134.
2. Op. cit., p. 128.
3. Op. cit., p. 182.

Sin embargo, las alegrías de los partos tenían su contrapartida negativa con los fallecimientos, hasta cierto punto habituales en aquella época, de los niños recién nacidos, y así uno de los hijos de María Manuela no sobrevivió al parto y es más que probable que ni siquiera a la gestación pues desconocemos su nombre y no consta en los registros familiares. Al margen del señalado que murió, el matrimonio tuvo en total cuatro hijos: tres varones y una niña. El primogénito fue Tomás nacido en marzo de 1852 al que siguieron Augusto nacido en agosto de 1853, Francisco Javier (el objeto de este estudio) nacido el 18 de enero de 1857 y, por último, la hija, Isabel, que vendría al mundo en 1858.

En particular, el nacimiento de Francisco Javier (el Padre Francis Morgan) fue igualmente reflejado por Cecilia Böhl de Faber en otra carta:

> María Manuela parió otro niño, que se llama Francisco, como su padre, y madre e hijo siguen bien.[4]

La década de los años cincuenta del siglo XIX, particularmente el lustro final de la misma entre la muerte de Thomas Osborne y la mayoría de edad de los hijos varones de éste, fue particularmente fructífera para el matrimonio Morgan-Osborne. El hecho es que sus propios hijos nacieron en un intervalo que coincide con el periodo de mayor relevancia familiar, pues en el terreno social, y más tras la muerte de Osborne Mann, María Manuela como la primogénita, asumió un protagonismo preferente que se vio aumentado por el de su marido que, como conocedor del negocio vinatero y partícipe de la empresa, fue el encargado de llevar las riendas de la misma hasta la mayoría de edad de su joven cuñado Tomás y de su hermano menor Juan Nicolás (Juanito para la familia), de los que fue tutor durante este tiempo.[5]

Esta tarea debió combinarla con la administración de sus propios negocios. De hecho, sirva como dato que de las casi cuarenta mil arrobas[6] de licores exportadas desde El Puerto de Santa María en 1858 unas cinco mil procedían de la todavía entonces denominada Duff-Gordon y alrededor de mil quinientas de la propia empresa de Morgan.[7]

Durante su matrimonio los Morgan-Osborne adquirieron varias propiedades en El Puerto de Santa María. En primer término, en 1855 compraron a la hermana de María Manuela, Cecilia Osborne, la Marquesa de Castilleja del Campo, una gran casa situada en la calle Larga o Virgen de los Milagros número 124 que incluía bodegas, caballerizas, etc. La

---

4. Diego de Valencina, *Cartas de Fernán Caballero*, Librería de los Sucesores de Hernando, Madrid, 1919, p. 202.
5. Una curiosa coincidencia con el destino al que el propio Padre Francis Morgan se vería abocado con los hermanos Tolkien muchos años después.
6. Antigua unidad de medida usada para medir líquidos. Equivale a 16,133 litros de vino.
7. *Boletín oficial del Ministerio de Fomento*, Volumen 26, 1858, p. 573.

casa constaba de piso bajo con nueve habitaciones y jardín, principal con 12 habitaciones y tercera planta con mirador, con un total de 1.334 metros cuadrados. Posteriormente, en el verano de 1859 los Morgan adquirieron otra vivienda colindante con la de la calle Larga 23 pero con fachada a la calle Nevería (en algún tiempo llamada Castelar), lo que les permitió intercomunicar ambas casas.

Igualmente entre 1857 y 1858 adquirieron fincas fuera de la ciudad, primero una hacienda limítrofe a El Cerrillo, la hacienda familiar de los Osborne (parece que se trataba de unos terrenos con casa propia desligados de aquella) y posteriormente unas tierras plantadas y cultivadas no muy lejos de esta finca. En cualquier caso, aunque las casas siguieron perteneciendo a la familia largo tiempo (de hecho hasta la muerte de Augusto el último hijo que residía en España), no consta que las posesiones en el campo continuaran siendo propiedad suya tras la muerte de Francis Morgan (padre).

Alternando la vida entre la ciudad y el campo, su vida discurría como cabe esperar entre los miembros de la clase acomodada con una, en muchos casos, ajetreada vida social. De hecho, las visitas eran corrientes aunque parece que María Manuela tuvo algunos problemas a este respecto:

> Ahora está Catalina[8] en casa de María Manuela, de quien es la gran amiga y donde debía quedarse, pues tienen un caserón tan grande y no tiene huéspedes; pero ésta se excusa con que ella fastidia a su marido.[9]

Los invitados fueron en otras ocasiones mucho más ilustres. Así sucedió durante la visita del Infante de Montpensier[10], a El Puerto de Santa María en 1858, en la que María Manuela ejerció de orgullosa anfitriona. De nuevo su tía comenta la cuestión y con cierta ironía señala que:

> María Manuela me escribe una larga carta, solo por detallarme el hospedage[11]

---

8. Catalina des Fontaines y Barron que había nacido en Cádiz en 1818. Aproximadamente de la misma edad que María Manuela, su tío era William (Guillermo) Lonergan, uno de los primeros socios de Thomas Osborne Mann. Su tío Eustace (Eustaquio Servando Rafael) y su primo William (Guillermo) hijo del anterior, amasaron una gran fortuna en México, donde establecieron una serie de vínculos de los que hablaremos más adelante.
9. Op. cit. [4], p. 197.
10. Se trataba de Antonio María de Orleáns, Duque de Montpensier (1824 - 1890) hijo del rey Luis Felipe III de Francia y miembro de la familia real española por su matrimonio con María Luisa Fernanda de Borbón (hija del rey Fernando VII y hermana de Isabel II). A consecuencia de la revolución de 1848 huyó de Francia con su familia a Inglaterra (donde ésta se estableció en Twickenham). Posteriormente él, su esposa e hijos se trasladaron a España y se instalaron en Sevilla, aunque se aficionaron a visitar las cercanas ciudades de Cádiz, El Puerto de Santa María y Sanlúcar de Barrameda. En 1868 conspiró a favor del levantamiento que derrocó a su cuñada Isabel II y aunque aspiró (y casi alcanza) al trono de España, éste, tras el *sexenio democrático*, pasó finalmente a su sobrino Alfonso XII (quien se casó con su hija María de las Mercedes). Montpensier entabló una gran amistad con Cecilia Böhl de Faber.
11. Así figura en el original.

que hicieron al Ynfante.[12]

Francis Morgan se acomodó a la vida en España. De hecho, podemos hacernos una idea de los hábitos que adquirió a través de un testimonio directo. Durante los últimos meses de 1851 y 1852 George John Cayley, un joven de una importante familia de Yorkshire nacido en 1826 visitó España por motivos de salud. Fruto de este viaje publicó en 1853 un libro titulado *Las Alforjas*, or *Bridle Roads of Spain* en el que describía sus peripecias y aventuras.

Justamente uno de los capítulos lo dedica a la provincia de Cádiz y su acompañante en El Puerto de Santa María es Francis Morgan, por entonces recién casado y esperando su primer hijo. La descripción de su encuentro resulta muy ilustrativa a propósito de su *españolización*:

> Navegué a través de la bahía azul [desde Cádiz], y desayuné con Don Francisco[13] Morgan, comerciante de vinos de El Puerto de Santa María, para el que tenía una carta de presentación. De acuerdo con la costumbre del país, había vino en la mesa y después del desayuno me bebí un vaso del mejor Sherry que recuerdo haber probado. Al señalarlo él replicó:
> - ¿Le gusta? A muy pocos ingleses les gusta la primera vez. Es vino puro.
> - ¿Cómo? -le dije-, usted adultera sus vinos y no se arrepiente de ello.
> - En absoluto, la mezcla aumenta el coste del vino. El vino natural seco que crece en Jerez rara vez se envía a Inglaterra a menos que sea pedido especialmente. Es preferible, para adaptarse al mercado, usar un vino dulce de la misma zona y mezclarlo con lo que se llama vino quemado, es decir, vino reducido hasta que espesa y adquiere un color oscuro. Esto crea una confusión de sabores y destruye el fino gusto de una cosecha natural. Nosotros lo preferimos sin mezclar, resulta mucho más saludable, así como más agradable al paladar. Si nuestros clientes ingleses aprendieran a disfrutar del Jerez en su estado simple, nos ahorraríamos una gran cantidad de problemas y algunos gastos.
> Luego me llevó a una gran bodega y me hizo probar varias docenas de muestras, de diferentes edades; También el Jerez dulce y el vino quemado, ninguno de ellos eran malos por sí mismos, aunque no creo que mejorarán el Jerez original.
> La señora Morgan tenía una hermana casada con un Marqués en Sevilla [el Marqués de Castilleja del Campo], y Don Francisco me dio una carta de presentación para él. También me dio una carta de crédito para un banquero en Cádiz que me resultó providencial.[14]

---

12. Manuel Ravina Martín, *Cartas familiares inéditas de Fernán Caballero*, p. 208, en Milagros Fernández Poza y Mercedes García Pazos, (eds.), *Actas del encuentro Fernán Caballero, hoy*, Biblioteca de Temas Portuenses, Ayto. El Puerto de Santa María, El Puerto de Santa María, 1996.
13. Así aparece en el original.
14. George John Cayley, *Las Alforjas, or the Bridle Roads of Spain*, Bradbury and Evans / Richard Bentley, London, 1853, pp. 64-65.

Como hemos dicho, desde 1854 Morgan fue la cabeza visible del negocio y, de algún modo, de toda la familia Osborne, lo que le llevó a asumir también tareas desagradables. Por ejemplo se encargó de muchos de los trámites relacionados con el suicidio de Antonio Arrom el tercer marido de Cecilia Böhl de Faber que supuso toda una conmoción familiar y las circunstancias del fallecimiento del mismo marcaron de forma imborrable la Semana Santa de 1859.[15]

De forma indirecta tenemos constancia del papel de Francis Morgan en la cuestión, quien recibió la noticia del trágico suceso y debió avisar a su suegra Aurora, lo que se relata en una carta que el Marqués de Villareal y Purullena escribió a su hermano Fermín de Iribarren (casado con Ángela una hermana de Cecilia y por tanto cuñado del fallecido):

> El miércoles santo recibió Morgan por el hilo eléctrico el funestísimo aviso de que Arrom había fallecido en Londres, agravando su suerte para él y la familia con la agravante circunstancia de ser suicidio. Detúvose el avisado en hacer partícipe a Aurora de suceso tan lamentable, y al fin el viernes parece que se lo comunicó a aquella, la que escribió a Cecilia […] creo indicándole malas nuevas de la salud de Antonio.[16]

Todo apunta a que María Manuela, aunque con menor intensidad que sus hermanas y cuñados, también había sido cómplice en el infame trato que se había dispensado a su tía Cecilia Böhl de Faber tras su tercer y excéntrico matrimonio, cuando, al poco de casarse, ella y su marido fueron obligados a abandonar El Puerto de Santa María. El desencuentro, no obstante, se repararía no sin cierto resentimiento, tras el suicidio de Antonio Arrom. A partir de este momento sus sobrinas tratarían de congraciarse con ella a través de diversas acciones caritativas:

> Cuando llegué aquí me encontré mi casa surtida de todo: azúcar, jamones, manteca, chocolate, garbanzos, café, te, etc. Ya puedes pensar quién fue el hada. El maquinista fue Candelaria; mis sobrinas no quisieron quedarse atrás. Cecilia puso por encanto una gran tinaja de aceite en el sótano. María Manuela llenó la carbonera de carbón. ¡Caro compro tantas bondades! Lo

---

15. Antonio Arrom, el tercer marido de Cecilia Böhl de Faber, no tuvo éxito en ninguna de las empresas que emprendió o en las que participó. Finalmente logró, gracias a las influencias y amistades de la familia, el cargo de cónsul español en Australia que trató de compatibilizar con la puesta en marcha de diversos negocios. Justamente cuando éstos parecían marchar de forma positiva, se produjo la fuga de su socio que le dejó en la ruina y cargado de deudas. Este hecho le condujo a un estado de desesperación que le llevó a suicidarse en Londres, donde se hallaba al recibir la noticia. Según uno de los biógrafos de Cecilia Böhl de Faber se disparó en la cabeza en el Blenheim Park de Londres, propiedad del Duque de Marlborough, a quien dirigió una carta de suicidio solicitándole que su cuerpo fuera enterrado en el lugar de su muerte y que sobre su tumba se colocara una cruz.
16. Op. cit. [12], p. 195.

que no quita que las agradezca.[17]

En todo caso, la nueva década que se inició al poco del suicidio de Arrom significaría cambios muy importantes, marcados por el hecho de que Tomás Osborne, el mayor de los hijos varones de Tomás Osborne Mann, una vez acabados sus estudios en Inglaterra y alcanzada la mayoría de edad, pasó a ocuparse de la dirección de la empresa.

En este punto merece la pena ahondar en la figura de Tomás Osborne Böhl de Faber y en la de su hermano. Preciado soltero, rico heredero y agraciado físicamente como indican los retratos de la época, Tomás se casó en Sevilla, a los veinticuatro años, en abril de 1860 con Enriqueta Guezala Power hija de un destacado militar de raíces canarias. Este matrimonio tendría una numerosa descendencia con un total de diez hijos, seis varones y cuatro mujeres. El primogénito nació en 1861 y fue llamado Tomás, siguiendo la tradición familiar. De entre sus hermanos destacan Roberto y Antonio. El primero fue un emprendedor con un gran sentido para los negocios, en la línea de su abuelo. Roberto Osborne se desligó del negocio del vino y se trasladó a Sevilla y, primero asociado a su hermano Tomás y posteriormente en solitario, se le recuerda como fundador de una de las casas cerveceras más conocidas de España: la Cruz del Campo, que se comercializa hoy en día como Cruzcampo. Antonio, sacerdote jesuita, también ha pasado a la historia como promotor del importante Observatorio Astronómico de la Cartuja en Granada.

Por su parte, Juan Nicolás, el menor de los hermanos de María Manuela (quien era su madrina de bautismo), se decidió por la carrera diplomática y no llegó a contraer matrimonio. Su vida transcurrió entre Italia, Francia y Rusia, sus principales destinos, y aportó a la familia un título, el de Conde de Osborne, que le fue concedido por el papa Pío IX en 1869 que, a su muerte, heredaría su sobrino Tomás Osborne Guezala, hijo mayor de su hermano.

El hecho es que poco después de que la nueva generación de los Osborne, capitaneada por Tomás Osborne Böhl de Faber, tomara el control del negocio familiar (el vinculado a la rama Osborne se entiende), se produjo el traslado de la familia Morgan-Osborne a Londres. No se trató en absoluto de una cuestión de rivalidad puesto que la relación con Tomás Osborne siempre fue buena (de hecho, Francis Morgan solía compartir con él numerosas aficiones y ambos participaron en varias ocasiones de monterías en el Coto de Doñana). Más bien debió de ser un cambio necesario tras el prolongado periodo vivido ininterrumpidamente en España desde su boda, unido también con el momento en que los hijos del matrimonio alcanzaban la edad de comenzar sus estudios, lo que indudablemente debía conducir a los jóvenes a Inglaterra.

---

17. Op. cit. [4], p. 182.

Ciertamente la familia, al igual que los Osborne, no había abandonado la prominente red de relaciones sociales que la seguían vinculando al Reino Unido. Prueba de ello es la lista de suscriptores del libro que su hermano Aaron Augustus Morgan publicó en 1856 (una traducción del *Eclesiastés*) y que fue financiada a través de las aportaciones de más de doscientas personas aparentemente interesadas en la obra pero seguramente más bien vinculadas por lazos de amistad con el autor y con la familia.

Parece evidente que se trata fundamentalmente de una lista de contactos de la familia Morgan (que incluye tanto a la rama residente en España por aquel entonces como a la que dirigía el negocio en Londres) al margen de algunos miembros de la iglesia anglicana, compañeros del autor, o algún estudioso de temas bíblicos. En el elenco de suscriptores aparecen varios residentes en España como Tomás Osborne y su hermano Juan, además del antiguo socio de Duff Gordon, Daniel Macpherson. No obstante, son otros grupos los que probablemente llaman más la atención. Por ejemplo son varios los importadores de licores de Londres como David Hart, John Blackeway o el retirado Charles Dixon, numerosos vecinos de Dulwich donde el patriarca de la familia Aaron Morgan se había establecido y también un buen número de nobles, desde el Duque de Norfolk, a Lord Bridport, la Baronesa de Mallet o Lord Byron (primo del famoso autor), etc.

También resulta curioso el vínculo con la *East India Company* que tanto los Morgan (a través de la boda de Maria Morgan con el Capitán Sykes) como los Osborne (por su relación con Lord Shore, padre de la cuñada de Thomas Osborne). Así, son varios los prominentes miembros de esta compañía que aparecen en la lista como el Coronel Sykes, el Capitán Sturt o, entre otros, Sir Frederick Currie. Igualmente llaman la atención varios nombres vinculados a Birmingham como varios miembros de la familia Shaw (emparentada con los Morgan), Charles Holte Bracebridge, vinculado a Aston Hall como ya vimos, o el cuñado de Washington Irving, Henry Van Wart.

Lo cierto es que diversas circunstancias distinguen a los Morgan-Osborne del resto de la familia y les señala como los más británicos de todos los Osborne. Sin negar su integración en la vida española, mientras otros miembros de la familia dejaban en segundo plano sus raíces inglesas[18], ellos jugaban con esta dualidad, a su conveniencia en muchos casos, lo que probablemente se veía favorecido por el hecho de tener familia cercana en las islas (de la rama Morgan).

Viéndolo en perspectiva, esta actitud ya se adivinaba en María Manuela cuando se casó en Inglaterra o en la renuncia a la conversión al catolicismo de su marido, que le hubiera resultado muy práctica, y se repitió con las

---

18. Esto es especialmente notorio en las hermanas de María Manuela, a la cual no imaginamos dando nombre a una ganadería de toros bravos como le sucedió a su hermana Paca, Marquesa de Saltillo.

acciones posteriores de otros miembros de la familia. Por ejemplo, un caso ilustrativo de ello puede ser el del doble testamento de Augusto Morgan, el segundo de sus hijos, quien habiendo residido gran parte de su vida en El Puerto de Santa María (allí nació y falleció) como uno de los más conocidos miembros de la ciudad, perteneciente a varias cofradías, etc., señalara en su testamento inglés[19]:

> Declaro que soy ciudadano británico y que nunca he perdido mi domicilio inglés[20] y que no tengo intención de hacerlo a pesar de que algunos años haya residido en España y me proponga continuar haciéndolo dado que esta residencia resulta de mi conveniencia por razones de salud y no altera mi ciudadanía británica.[21]

Lo cierto es que desde 1869 y hasta 1876 los Morgan-Osborne vivieron en Inglaterra. El hogar familiar se ubicó en Londres, en el número 138 de Harley Street muy cerca de Regents Park. No obstante, en el censo de 1871 sólo dos de los hijos (Tomás e Isabel) figuraban residiendo allí puesto que Augusto y el futuro Padre Francis Morgan estaban internos en el colegio. Puede sorprender que su hermano Tomás no estuviera con ellos, pero él había nacido con una minusvalía y nunca pudo llevar una vida normal, ni en sus estudios ni el trabajo ya que nunca pudo desempeñar tarea alguna en el negocio del comercio de licores.

Indudablemente desde Londres tenían mayor facilidad para visitar a sus hijos en la escuela y también a su sobrino Tomás Osborne Guezala (el mayor de los hijos de Tomás Osborne Böhl de Faber) que comenzó sus estudios en Baylis House (Slough) en 1872 y que luego proseguiría en el internado jesuita de Beaumont.[22] No obstante, la elección del emplazamiento de su residencia no parece que fuera casual. Muy cerca de Harley Street se encuentra St. James's, Spanish Place, también conocida como Iglesia de Santiago de los españoles, durante largo tiempo una iglesia santuario de los católicos británicos y que posee una fuerte vinculación con España. A María Manuela se la señala como feligresa de este referencial templo en su nota necrológica aparecida en el famoso periódico católico *The Tablet*, en la que también se indica su relación con las monjas del Convento de María Reparadora, que igualmente se encontraba en las cercanías de su domicilio. No es por ello casual que su hija Isabel, segura acompañante y colaboradora en sus acciones en apoyo a esta congregación, tomara los hábitos en esta

---

19. En realidad tenía dos testamentos, uno en España y otro en Inglaterra.
20. Su "domicilio inglés" consistió durante mucho tiempo en una habitación reservada en el hotel Rembrant de Londres.
21. Archivo Osborne.
22. Bernardo Rodríguez Caparrini, *Alumnos españoles en el internado jesuita de Beaumont (Old Windsor, Inglaterra) 1874-1880*, Miscelánea Comillas: Revista de Ciencias Humanas y Sociales, p. 246.

misma orden.

Sin embargo, esta estancia en tierras inglesas se vio afectada por una circunstancia que llevaría, sino a la desintegración de la familia Morgan-Osborne, sí a su separación, al fallecer prematuramente Francis Morgan en la ciudad de Londres, con cincuenta y cinco años, el 31 de enero de 1876, cuando todavía sus hijos pequeños no habían alcanzado la mayoría de edad. A partir de este momento, ellos, primero debido a la educación y luego a los destinos que eligieron, se dispersaron y lo cierto es que ninguno contrajo matrimonio ni tuvo hijos (los dos mayores murieron solteros, Isabel, como hemos comentado, se hizo monja y Francisco Javier, el Padre Francis Morgan, sacerdote católico) lo que con el tiempo supuso la extinción de la familia.

Cecilia Böhl de Faber, testigo como en ocasiones anteriores de la repercusión de los acontecimientos en la familia, describe lo sucedido en una carta dirigida al secretario del Duque de Montpensier, Antonio de Latour:

> Estamos de luto por haberse muerto, ético[23] de laringitis, Morgan, el marido de mi sobrina María Manuela; ha sido en Londres.[24]

María Manuela viajaría desde entonces con frecuencia, hasta el extremo de que en su última voluntad incluyó una cláusula que indicaba que deseaba ser enterrada en el cementerio católico del punto donde ocurriera su fallecimiento, aunque finalmente murió en El Puerto de Santa María.

Pero no queriendo adelantarnos demasiado, sería bueno echar la vista atrás por un momento, para terminar de completar el retrato familiar, y prestar atención a la única foto de ellos que se conserva y que puede situarse hacia mediados de los años sesenta del siglo XIX, todavía en El Puerto de Santa María. En ella se nos muestra una distinguida familia de clase alta. El padre, Francis Morgan, mira a la cámara con expresión seria que se ve acentuada por unas largas y pobladas patillas al gusto de la época. La madre, María Manuela, que apenas dibuja una leve sonrisa, luce un elegante vestido oscuro. La hija del matrimonio, Isabel, con el pelo claro, a diferencia de su madre, sonríe sentada entre ambos. Detrás, de pie, están los tres varones. Con expresión asustadiza vemos al pequeño Francisco Javier, que todavía no tiene edad para llevar traje, junto a él está Tomás, el hijo mayor, con traje claro, y a su lado Augusto con traje oscuro y bombín que resalta su rostro redondeado.

Francisco Javier, Francis Xavier en su versión anglosajona, compartía el nombre con su tía Paca y con su bisabuela. La familia solía llamarle Curro, la versión coloquial andaluza de Francisco, o a veces, si empleaban

---
23. Quiso decir hético, es decir, muy delgado y casi en los huesos.
24. Santiago Montoto, (Ed.), *Cartas inéditas de Fernán Caballero*, S. Aguirre Torre, Madrid, 1961, p 18.

el inglés, Frank. Su primera infancia había discurrido en El Puerto de Santa María junto a sus hermanos y primos, en particular los de su tío Tomás. Sin embargo, su futuro le iba a alejar de manera casi definitiva de España pues poco después de que se tomara esta fotografía iba a viajar al lugar donde habría de transcurrir prácticamente todo el resto de su vida.

Educándose en Inglaterra

El término de *escuela pública* se suele circunscribir al contexto anglosajón y resulta difícil de definir, ya que se da una contradicción entre el origen del concepto y el modelo educativo al que con el tiempo fue aplicable. A principios del siglo XIX, cuando se empezó a usar esta denominación, se hablaba de escuelas abiertas al público en general, aun cuando dichas escuelas pudieran tener unas tasas. Sin embargo, hacia mediados de siglo la definición de escuela pública comenzó a utilizarse para referirse a escuelas elitistas, de gran nivel en cuanto a la formación que ofertaban, pero dirigidas específicamente a las clases sociales altas debido básicamente a los elevados costes de sus tarifas.

Examinando la oferta educativa de las escuelas públicas inglesas durante el siglo XIX, lo que viene a significar analizar las opciones formativas del más alto nivel en el Reino Unido, nos encontramos con las más tradicionales y conocidas: Eton, Harrow y Westminster, a las que se unirían durante el siglo otras seis: Winchester, Charterhouse, Rugby, Shrewsbury, St Paul y Merchant Taylors.

Ninguna de ellas estaba dirigida a los jóvenes católicos, más bien al contrario, existía en general una mutua exclusión entre estas escuelas y los católicos, ya que ni unos eran bien vistos en estas escuelas, ni los católicos deseaban que sus hijos alternaran en demasía con los anglicanos (o con seguidores de otros credos). Lo cierto es que la posición de los católicos en la sociedad inglesa era complicada, rozando casi la marginalidad social en múltiples cuestiones y la educación no era una excepción.

De hecho, hasta 1791 no se permitieron las escuelas católicas en Inglaterra y a los católicos como grupo la ley les negaba buena parte de sus derechos civiles hasta 1829. Por tanto, la formación de los jóvenes católicos ingleses resultaba un tema particularmente espinoso, ya que la imposibilidad de acceder a las mejores escuelas (y universidades) les conducía a una espiral que les dificultaba sobremanera acceder a posiciones elevadas en el ámbito social, político o intelectual.

Casi todas las escuelas católicas de cierto nivel procedían del continente pues habían sido fundadas por religiosos que se habían tenido que refugiar en las islas debido a la Revolución Francesa o a las guerras napoleónicas. Así, en 1794 jesuitas procedentes de Lieja abrieron Stonyhurst y a benedictinos exiliados se debe la fundación de Ampleforth en 1806 y la de Downside en

1813.

Además, estaban los seminarios de Ushaw y Oscott en los cuales también se educaban jóvenes que no tenían intención de ordenarse. En realidad con sus matrículas se financiaban los estudios de ciclo superior de aquéllos que se decidían por el sacerdocio y que, en muchos casos, ayudaban en las tareas educativas de los más jóvenes actuando como consejeros, tutores, etc.

En todo caso, los sistemas que existían dentro de los centros católicos eran completamente distintos a los de las escuelas públicas y sus bases y principios eran fundamentalmente continentales, lo que en muchos casos chocaba con la idiosincrasia y manera de ser británicas, al margen de que la oferta educativa católica tenía un nivel sensiblemente inferior al de las escuelas públicas. Pese a ello, hasta la mitad del siglo XIX podría decirse que existía un cierto conformismo entre los católicos respecto de esta cuestión, aunque diversas circunstancias iban a transformarlo en poco tiempo en honda preocupación.

Para entender la profundidad de este asunto es necesario recomponer la diferente tipología de los católicos que vivían en Inglaterra en aquella época y que no superaban el 3,5% de la población hacia 1850. Lejos de ser un grupo homogéneo, se distinguían tres grandes ramas.

Por una parte estaban los católicos que habían permanecido apegados a su fe a lo largo de los siglos, frente al dominante protestantismo, a pesar de las persecuciones y marginación que habían tenido que soportar. Se trataba de un grupo que practicaba un catolicismo estático, anclado en el pasado y sin brillo intelectual, que habitaba especialmente en zonas rurales. Sólo un pequeño grupo de ellos pertenecían a las clases altas mientras que el grueso de los católicos eran comerciantes o bien desempeñaban oficios artesanales.

Junto a estos "católicos viejos" convivía una emergente hornada de conversos, que procedentes de clases sociales altas, se convertían desde el anglicanismo, no sin levantar ciertas reticencias entre los católicos tradicionales. Es especialmente importante en este contexto la trascendencia del llamado Movimiento de Oxford, una corriente renovadora dentro del anglicanismo que criticaba su estancamiento espiritual, su heterodoxia doctrinal y la interferencia del estado en asuntos de fe, y que sería el punto de partida hacia la conversión al catolicismo de un selecto grupo, muchos de los cuales habían sido educados en Oxford o Cambridge. Podría decirse que se trataba de una savia nueva pero que al mismo tiempo traía consigo lo mejor de la tradición educativa británica.

La tercera rama la constituían los numerosos emigrantes irlandeses, católicos devotos que generalmente pertenecían a las condiciones sociales más humildes. A consecuencia de la revolución industrial, los irlandeses llegaron en gran cantidad a las ciudades inglesas como mano de obra y se convirtieron, al menos en cuanto a número, en el principal grupo de católicos de Inglaterra.

La aparición de los conversos como grupo emergente supuso, pese a su comparativamente escaso número, una pequeña revolución en el seno de la estancada Iglesia Católica inglesa que además vino a coincidir en el tiempo con otros hechos como el restablecimiento de la jerarquía católica. La presión del nuevo colectivo que poseía miembros económica y socialmente privilegiados, se manifestó en cuanto a la educación de sus hijos (que deseaban que fuera católica pero que al mismo tiempo no querían que fuera inferior a la que recibían los protestantes, o a la que ellos mismos habían recibido) a través de una insistente demanda de creación de una escuela pública católica. Lo más importante para que esto se pudiera llevar a cabo era encontrar una personalidad católica ilustrada que estuviera dispuesta a convertirse en impulsor de este proyecto en el que, por otra parte, también empeñaría su prestigio.

La educación universitaria había estado vetada durante siglos a los católicos y, cuando finalmente se levantó la prohibición en 1829, las jerarquías católicas inglesas, inspiradas por un curioso espíritu preventivo, elaboraron una disposición redactada al efecto en la que se les recomendaba a los jóvenes, o más bien se les ordenaba, que no acudieran a las universidades tradicionales inglesas como Oxford o Cambridge. Esta norma estuvo vigente hasta 1895, de modo que, en estas condiciones, las grandes mentes católicas o habían cursado sus estudios en el extranjero o bien se habían convertido desde el protestantismo, y antes de hacerlo habían disfrutado de una esmerada educación en Oxford o Cambridge.

El peso de la difícil misión recayó en John Henry Newman, seguramente el converso a la Iglesia Católica más notable del siglo XIX en Inglaterra, quien aceptó el reto y emprendió el proyecto. Newman planteó las bases de una escuela pública católica (con algunas peculiaridades como la de que su sede estuviera en la ciudad y no en el campo) ligada al Oratorio de Birmingham que el mismo había establecido años atrás.

Sin embargo, en la fundación de la escuela del Oratorio resultó fundamental el papel de un grupo de influyentes católicos seglares, la mayoría conversos que procedían del movimiento de Oxford, de entre los que destacan Edward Bellasis y James Hope-Scott considerados como cofundadores de la misma. Tanto uno como otro eran abogados y ocupaban importantes cargos relacionados con la política. Ambos enviaron a sus hijos a la nueva escuela, recayendo en Richard Bellasis el honor de haber sido el primer alumno en incorporarse a la misma. También se contó con la colaboración de otros muchos católicos, especialmente de conversos, aunque la postura del Duque de Norfolk, católico viejo aunque, pese a ello, una de las personas más importantes de toda Inglaterra, que envió a sus hijos a la nueva escuela, ayudó en gran medida a compensar algunas de las reticencias y problemas iniciales del proyecto.

La escuela del Oratorio de Birmingham, se inauguró el 1 de mayo de 1859 y fue la primera que realmente ofreció la combinación de lo británico, a través de su modelo de escuela pública, y lo católico. Sin embargo, su establecimiento no fue en absoluto un camino fácil. Uno de los primeros obstáculos a superar fueron las reticencias que la propia figura de Newman despertaba entre amplios sectores católicos, tanto entre los católicos viejos como entre los conversos ultramontanos, los más conservadores.

La biografía de Newman es intensa tanto en su faceta vital como en la intelectual. De hecho, en 1859, cuando se creó la escuela, ya estaba repleta de acontecimientos destacables. Newman había nacido en 1801 en el seno de una familia anglicana muy religiosa y tras superar sus estudios en Oxford[1], una profunda vocación religiosa le condujo a su ordenación y, no mucho tiempo después, alcanzó el cargo de Vicario de la *University Church*, lo que supuso una plataforma para la difusión de las ideas del denominado Movimiento de Oxford, del que fue uno de sus líderes junto a John Keble, Richard Hurrel Froude y Edward Pusey.

Sus planteamientos le alejaron del anglicanismo y tras un periodo de retiro decidió convertirse al catolicismo y, poco después, ordenarse sacerdote. Tras haber viajado a Italia, emprendió en 1848 la tarea de crear una Comunidad de Oratorianos Felipenses en Birmingham, una Comunidad de sacerdotes al estilo de la fundada por San Felipe Neri en el siglo XVI. Después de un breve paréntesis, en que su prestigio y sus preocupaciones por la educación habían llevado a que fuera escogido como rector para el proyecto de la Universidad Católica de Irlanda, regresó definitivamente a Birmingham donde estaría ligado el resto de su vida tanto al Oratorio como a su escuela.

En su tarea al frente de la misma hubo de superar diversos obstáculos. En lo personal muchos le acusaban de ser demasiado liberal y su fidelidad a la causa católica llegó a ser puesta en duda al igual que su conversión. El hecho es que Newman se convirtió durante uno de los momentos históricos más conservadores en la historia de la Iglesia Católica y eso le afectó tanto a él como a sus obras, tales como la fundación de la escuela del Oratorio.

Sin embargo, todos los problemas no venían del exterior y, en cuanto a su labor rectora, hubo de tomar decisiones contundentes al poco de abrir la escuela puesto que una disputa entre dos cargos de la misma estuvo a punto de llevarla al fracaso. La definición de la escuela que Newman había formulado pasaba por una administración bicéfala supervisada por él mismo. Por un lado los aspectos académicos eran gestionados por el Padre Prefecto o *Headmaster*, un jefe de estudios encargado tanto de cuestiones

---

1. En esta época trabó una gran amistad con Blanco White, amigo de Frasquita Larrea y nacido en España, quien habría de seguir un camino opuesto al de Newman, pasando del catolicismo al anglicanismo.

docentes como de lo que ocurriera en el interior del centro. Junto a esta figura Newman instauró un sistema de damas (*Dame system*), o lo que es lo mismo, una estructura independiente de casas gestionadas por *damas* (señoras de reconocida reputación) ajenas a las cuestiones docentes y encargadas del alojamiento y los cuidados de los alumnos.

El primer Padre Prefecto, Nicholas Darnell, un oratoriano con una amplia experiencia educativa, tuvo un conflicto de intereses con Frances Wootten, la principal de las damas, lo que llevó a desvelar que Darnell tenía sus propias ideas con respecto a la escuela, ajenas en buena medida al concepto de Newman. Éste resolvió la crisis sustituyendo a Darnell por el Padre Ambrose St John, unido a Newman desde su conversión, y modificando levemente sus propias funciones, lo que le llevó a participar mucho más de cerca en la escuela, desempeñando incluso tareas docentes.

Pese a las múltiples complicaciones que supuso poner en marcha y mantener la escuela, Newman disfrutó al frente de ella y los afortunados muchachos que pudieron acudir a sus clases o evaluaciones recibieron lecciones y consejos de una persona entregada. Ellos lo llamaban "el Padre" y era una referencia tanto al terreno espiritual como al humano, puesto que era muy cercano a ellos y, en lugar de mantener las distancias, siempre buscaba el contacto personal y la amistad de los chicos, y no tenía reparos en comunicarles rasgos de su propio carácter y gustos, como su admiración por las novelas de Walter Scott.

Hasta que alcanzó una avanzada edad, Newman solía realizar un seguimiento mensual de todos los alumnos a los que examinaba de forma oral a propósito del trabajo que habían realizado durante el último mes. Pero también insistía en que los chicos alcanzaran los mayores grados de honestidad, sin permitir ninguna clase de mezquindad o sordidez y al final de cada trimestre hablaba con cada uno de ellos sobre su progreso y comportamiento.

El concepto fundamental en la educación de la escuela del Oratorio era el de la "educación liberal". Con ella no sólo se pretendía obtener los beneficios inmediatos del conocimiento de datos y conceptos, sino formar mentes cultivadas con el objetivo final de perseguir la perfección del intelecto. Para ello Newman utilizó como principal instrumento el estudio de los clásicos. Sin embargo, fue un paso más allá y elaboró un currículum mucho más amplio que el de las escuelas públicas en el que tenían cabida las lenguas modernas o las matemáticas y se incentivaba vivamente la lectura de libros estimulantes.

El hecho es que, gracias a diversas circunstancias, pero especialmente al talento y dedicación de Newman, la escuela progresó rápidamente. El mismo Newman reflexionaba sobre ello en una carta después del tercer año de funcionamiento de la escuela:

Cuando comenzamos era un simple experimento y el público parecía sorprendido cuando vio que teníamos una docena de alumnos en medio año; pero al final de nuestro tercer año tenemos setenta. [...] Estamos seriamente alarmados por las responsabilidades que hemos depositado sobre nosotros. Como todas las otras escuelas están aumentando en número, ésta es una satisfactoria comprobación de la extensión de la educación católica.[2]

Nueve años después de la fundación de la escuela del Oratorio, en 1868, el proyecto parecía consolidado. El número de alumnos se mantenía alrededor de los setenta y las tasas que la escuela cobraba anualmente por cada uno de ellos rondaban las cien libras. Tanto St John como Frances Wootten continuaban en sus puestos pese a que ambos comenzaban a padecer los problemas de salud que devendrían en fatales para ambos pocos años después.[3]

Por encima de ellos Newman seguía desempeñando una labor incombustible dirigida a la gestión minuciosa de los asuntos de la escuela tanto en lo económico, llevando personalmente el detalle de las cuentas de la escuela, en lo docente, con el seguimiento de la evolución de cada uno de los alumnos lo que implicaba una enorme dedicación a la escritura de cartas a sus padres, o en cualquier tipo de cuestión en la que pudiera colaborar, desde la adaptación y dirección de obras de teatro en latín para los festivales de la escuela, a la ayuda a los alumnos mayores que preparaban su acceso a centros superiores (fundamentalmente la universidad de Londres).

Fue justo en 1868 cuando un joven Francis Xavier Morgan, con apenas once años, llegó a la escuela del Oratorio. Su ciclo educativo allí duró seis años, de modo que su permanencia en ella se extendió hasta 1874. Es curioso constatar que este ciclo corresponde exactamente con un periodo particularmente complejo en la historia de España como fue el llamado sexenio revolucionario (también llamado sexenio democrático).[4] Durante este periodo los comerciantes de Jerez se vieron beneficiados por ciertas decisiones políticas de reducción de aranceles tendentes a instaurar una economía de librecambio que elevaron los niveles de sus exportaciones a

---
2. Wilfrid Meynell, *Cardinal Newman*, Burns and Oates, London, 1907. p. 83.
3. Debido a los problemas de salud, Ambrose St John dejo su cargo en 1872 y la señora Wootten lo hizo en 1875. Ambos morirían poco después (él en 1875 y ella en 1876).
4. En septiembre de 1868 se produjo en España una sublevación militar de carácter liberal que derrocó a la reina Isabel II y que pretendía instaurar un régimen monárquico democrático. Sin embargo, las circunstancias históricas tales como los problemas derivados de las guerras carlistas, los conflictos coloniales o la crisis económica, impidieron su viabilidad. La idea inicial era restablecer la monarquía, con un rey que aceptara el sistema democrático. Descartados los Borbones (Alfonso, el hijo de Isabel II y el Duque de Monpensier) el elegido como regente fue Amadeo de Saboya que, incapaz de soportar la compleja situación que provocaban los problemas señalados anteriormente, abdicaría al poco tiempo. Su abdicación condujo a la instauración de la primera república española, que apenas duró unos meses y que daría pie a la restauración monárquica de Alfonso XII, el hijo de Isabel II, en lo que supondría el fin del intento revolucionario.

máximos históricos. Sin embargo, el nuevo e inestable régimen político no era bien visto por un buen número de ellos entre los que se encontraba su familia, partidaria de la llamada "España tradicional".

Francis Morgan[5] no estuvo solo en la escuela. Unos años antes de su propio ingreso, exactamente desde 1865, su hermano mayor Augusto había iniciado sus estudios allí y permanecería con él hasta 1872, cuando finalizó su periodo formativo.

No debe quedar en el tintero señalar el hecho de que la elección de la escuela para los Morgan no fue en absoluto arbitraria. La posición social de sus padres implicaba la necesidad de que el lugar elegido para la educación de sus hijos fuera del más alto nivel, si bien dado que la formación tenía que ser católica, las opciones se restringían aunque a mediados de los años sesenta del siglo XIX, la oferta era bastante más amplia de lo que había sido apenas veinte años atrás.

De entre las nuevas escuelas católicas merece una mención la de Beaumont Lodge, o San Estanislao, fundada apenas dos años después de la del Oratorio, en 1861, cerca de Windsor en Berkshire (a escasas millas de Eton que estaba al otro lado del río Támesis). Se trataba de una escuela gestionada por padres jesuitas pero, al contrario que otras escuelas jesuitas como la de Stonyhurst, la decana de esta congregación en Inglaterra, su modelo distaba mucho del de las escuelas continentales y, con el tiempo, sus cambios y avances fueron imitados por muchas otras escuelas. Beaumont fue además el lugar donde estudiaron la mayoría de los jóvenes de la familia de edades similares a la de los Morgan, tanto por parte de los Osborne de España como de los Galton que eran primos católicos ingleses.

Sin embargo, pese a la existencia de Beaumont, sus padres decidieron inscribirlo en la escuela del Oratorio. El hecho de que la escuela del Oratorio fuese la escogida, tanto para un hijo como para el otro, resulta especialmente significativo porque demuestra que la familia desde España estaba en permanente contacto con las islas y conocía detalladamente lo que allí ocurría, pero también nos hace pensar en que la luna de miel en Birmingham del matrimonio Morgan-Osborne fuera un hecho determinante.

---

5. A partir de este punto, las alusiones a Francis Morgan, salvo que se explicite lo contrario, harán referencia a Francis Xavier (o Francisco Javier) Morgan Osborne, futuro Padre Francis Morgan y protagonista de este trabajo, pues en adelante apenas no referiremos a su padre con el que compartía nombre.

La vocación

En la escuela del Oratorio se le daba una gran importancia a la formación religiosa, ya que los jóvenes que estudiaban en ella estaban llamados a ser la base de los católicos ingleses de las clases privilegiadas. Los católicos eran un pequeño grupo que debía luchar de forma constante contra la marginación social que sufrían, la cual sólo podría ser paliada con el firme compromiso de todos ellos con sus creencias, particularmente de los que gozaban de las mejores posiciones sociales.

Así pues, en la escuela se hacía especial hincapié en que los alumnos conocieran los fundamentos de su religión, aprendieran a recitar con corrección las oraciones y estudiaran el catecismo a fondo, de modo que cada semana debían repasarlo por parejas bajo la supervisión personal de Newman o del Padre Prefecto. Asimismo se orientaban los contenidos de diversas asignaturas como el inglés, el latín o el griego para introducir en ellas el estudio de las Escrituras.

Durante el curso se conmemoraban de forma significada ciertos acontecimientos del año litúrgico, con lo que se lograba implicar a los chicos en dichas celebraciones. Por ejemplo, los viernes de cuaresma se revivía el *Via Crucis*[1], en *Corpus Christi*[2] realizaban una procesión por los terrenos de la escuela acompañados por una banda y durante la Semana Santa todos los alumnos participaban en un retiro de tres días en el que se invitaba a un sacerdote de fuera del Oratorio.

Sin embargo, la escuela del Oratorio no era un seminario y su objetivo principal no era formar sacerdotes sino católicos seglares comprometidos (aunque muchos futuros sacerdotes fueron alumnos de la escuela). Existían numerosas diferencias entre la escuela y los seminarios aunque seguramente la fundamental era el formato y contenido educativo, ya que en la escuela del Oratorio primaba la enseñanza de los clásicos, como en la mayoría de las escuelas públicas, siguiendo un modelo humanista en la línea de Oxford o Cambridge, mientras que en otras escuelas católicas y en los seminarios se cultivaba más el conocimiento de las vidas y los hechos de los Padres de la Iglesia.

---

1. Las Estaciones de la Cruz (o, en latín, Vía Crucis) es una representación de la Pasión de Cristo transportando la cruz hacia su crucifixión a lo largo de varias etapas. A menudo se escenifica a modo de penitencia por los sufrimientos que Jesucristo soportó.
2. Fiesta de la Iglesia Católica que resalta la fe de la misma en Jesucristo. Se lleva a cabo el siguiente jueves al octavo domingo después del Domingo de Pascua (es decir, sesenta días después del Domingo de Pascua).

En un día normal en la época en que Morgan era alumno de la escuela, los chicos se levantaban a las seis y media de la mañana, rezaban sus oraciones y a las siete acudían a misa. Tras acabar la misa y hasta las ocho y media, en que se desayunaba, tenían su primera clase. El desayuno se prolongaba hasta las nueve y media, hora en que se reiniciaban las clases que se prolongaban hasta las doce. Al finalizarlas se rezaba el *Angelus*[3] y a continuación comenzaba la comida. Entre las dos y media y las cinco se impartían las clases de la tarde, a las que seguía una hora de juegos. A las seis se servía un té y a continuación los chicos tenían la opción (que no la obligación) de acudir a rezar un Rosario. Tras esto había una hora de estudio y entonces se servía la cena. Una vez acabada la misma se iban a la cama. En los dormitorios, antes de apagar las luces, tenía lugar una oración conjunta y una lectura de un clásico espiritual, tras la que permanecían de rodillas para sus oraciones privadas.

También existían actividades extracurriculares no relacionadas con la religión, de forma que una tarde a la semana los alumnos tenían un par de horas para ejercitarse dibujando y practicando con instrumentos musicales. También los deportes, lo que incluía competiciones con otras escuelas, tenían su lugar. Lo cierto es que, siguiendo la idea renovadora que se extendió a partir de mediados del siglo XIX, en las escuelas publicas se les concedió una gran importancia, pues se comenzó a considerar que a través de ellos se aumentaba la capacidad de inspirar virtudes, desarrollar la hombría y formar el carácter.

Una de las actividades más ambiciosas del curso era la preparación de una representación teatral en latín basada en un texto clásico, generalmente de Plauto o de Terencio. De hecho, el *Formión* de Terencio era una de las obras más populares y se representó hasta en tres ocasiones entre 1865 y 1872. En los repartos de estas tres representaciones se encuentran los nombres de futuras figuras importantes tanto para el Oratorio y su escuela como en la vida pública, pues no hay que olvidar que, pese a su condición de católicos, los alumnos pertenecían a las clases altas.[4]

La representación de 1872 contó con la presencia de los dos hermanos Morgan, Francis y Augusto. Si bien la actuación de Augusto no ha sido resaltada, la de Francis Morgan en el papel de Sofrona, una anciana nodriza, tuvo grandes alabanzas y en una obra que recopila el desarrollo de aquellas representaciones se indica que:

---

3. Oración en honor de la Encarnación repetida tres veces cada día: mañana, mediodía y al caer la tarde, que consiste en la repetición por tres veces del Ave María, junto a unos versos y una pequeña oración.
4. Algunos tan importantes como el segundo hijo del Duke de Norfolk, Lord Edmund Talbot quien llegaría a ser virrey (Lord Liutenant) de Irlanda.

Fuimos agraciados con la aparición de una autentica bruja, con un entusiasmo y una comicidad nunca vistos.[5]

Evidentemente, se trata de una reseña realizada bastante tiempo después, cuando Morgan ya se había ordenado sacerdote, pero resulta interesante ya que viene a ser la primera ocasión en la que se vislumbra su carácter afable y su alegría lo que, como se verá, le llevó a lo largo de su vida a ser víctima de algún mal entendido sobre su comportamiento en el marco del rígido proceder inglés.

El hecho es que Francis Morgan tuvo el privilegio (del que disfrutaron especialmente los alumnos de los primeros cursos de la escuela) del impagable contacto directo y continuado con John Henry Newman. Si había algo que distinguía a la escuela del Oratorio en sus primeros años era su presencia constante, y es un hecho evidente que sus virtudes y cualidades tanto en el terreno religioso como en el intelectual no pasaban inadvertidas a los jóvenes alumnos. De hecho, una de las grandes distinciones para los chicos era la de ser seleccionados, en grupos de cinco a seis a lo sumo, para ir a escuchar a Newman tocar el violín en su estudio.

No obstante, no todo era idílico. Otro alumno de origen español, José María Gordon Prendergast[6], también procedente del área de Cádiz (nacido en Jerez de la Frontera un año antes que Francis Morgan), describe en sus memorias como también la escuela seguía vigente el castigo físico que era infringido por el Padre Ambrose St John quien, a diferencia de Newman, "no tenía nada de delgado ni de ascético y si poseía un poderoso brazo".[7]

De cualquier modo, parece que Gordon era un alumno un poco difícil que llegó a la escuela sin apenas saber hablar inglés y con una actitud, por lo que se vislumbra en sus memorias, no muy apropiada. En todo caso, apenas estuvo un curso en la escuela y, de cualquier modo, debió de ser una de las últimas víctimas del Padre Ambrose St John quien tras más de una década ocupando el cargo de Padre Prefecto, fue sustituido por razones de salud en 1872 por el Padre John Norris (el cual llegaría a ser también Preboste de la Comunidad).

Aunque Morgan no se distinguió en los deportes escolares ni tenía

---

5. Edward Bellasis, *The Phormio at the Oratory school, by an "old boy"*, Nichols and Sons, London, 1881, p.15.
6. José María Gordon Prendergast (1856-1929) pertenecía a una familia de origen escocés que regentaba en Jerez de la Frontera una casa de exportación de licores. Nacido en dicha ciudad, vivió allí hasta los once años cuando su familia volvió a Escocia y él se incorporó a la escuela del Oratorio de Birmingham y posteriormente al Beaumont College. Se dedicó a la carrera militar y alcanzó altos cargos en Australia, llegando a ser General de brigada del ejército británico. Es más que probable que durante breve su estancia en la escuela del Oratorio alternara con los Morgan al ser ellos hispanoparlantes (y seguramente por conocerse al proceder de la misma zona).
7. José María Gordon, *The Chronicles of a Gay Gordon*, Cassell and Company Limited, London, 1921, p.24.

una vocación académica destacada, la vida ligada a la religión sí le atraía, seguramente por la influencia de Newman. No fue, en todo caso, el único que sintió esta atracción, pues aunque, como se ha dicho, la escuela del Oratorio no era un seminario, es innegable que se convirtió en un vivero de futuros sacerdotes, muchos de los cuales pasaron a ser miembros de la comunidad cuando alcanzaron la edad adulta.

Varios condiscípulos de Morgan, con edades similares a la suya, iban a constituir la columna vertebral del Oratorio desde finales del siglo XIX hasta bien avanzado el XX. Los sacerdotes surgidos de los "Old School Boys" o antiguos estudiantes de la escuela que habían tratado personalmente con Newman, son ciertamente un grupo que dio forma y consolidó definitivamente la Comunidad del Oratorio de Birmingham.

De entre estos oratorianos, con los que Francis Morgan habría de compartir su vida, nos encontramos con los hermanos Bellasis o con Anthony Pollen, cuyos padres eran influyentes personalidades convertidos al catolicismo a raíz del Movimiento de Oxford, con Francis Joseph Bacchus, estudioso de la vida y obras de Newman, con el longevo irlandés Denis Sheil, con Robert Eaton, director del coro durante muchos años, o con Edward Pereira de origen portugués.

Todos ellos, Morgan incluido, debieron abandonar la escuela del Oratorio para iniciar sus estudios superiores. La escuela permitía alcanzar un nivel académico que preparaba a los alumnos para iniciar una formación concreta en la disciplina específica que cada cual escogiera, tanto en el ejército como realizando estudios superiores, ya fuera pensando en dedicarse a una ocupación laica o bien religiosa.

Francis Morgan comenzó sus estudios superiores a mediados de la década de los años setenta del siglo XIX. Se intuye, por los pasos que siguió y por sus actos posteriores, que en este punto ya debía de estar muy clara su disposición e intenciones.

Mientras completaba sus últimos años en la escuela, eran diversas las alternativas que se le presentaban con vistas a su futuro. Podía volver a España como hizo su hermano Augusto y trabajar en el negocio familiar o simplemente vivir de sus réditos. También tenía la opción de continuar sus estudios en España, donde había igualmente prestigiosos centros superiores, algunos bastante cercanos a su hogar como la Universidad de Sevilla. Por último, podía marcharse al extranjero, a Italia o a Alemania, por ejemplo, a completar su educación, como de hecho harían otros compañeros suyos. Lo que no podía hacer era acudir a estudiar a una universidad tradicional inglesa como Oxford, donde habían estudiado antepasados suyos[8], y hasta

---

8. Desde principios del siglo XVII se conocen antepasados de Francis Morgan (por la rama Osborne) que estudiaron en Oxford. El primero de ellos fue el Reverendo Peter Osborne que estudió en el Oriel College hacia 1620. La mayoría de sus descendientes estudiaron en el Exeter College (alguno como

el mismo Newman, dada la recomendación o más bien mandato que existía contra ello para los jóvenes católicos.

Sin embargo, Morgan optó por una nueva posibilidad que se había abierto en 1874 cuando se inauguró la Universidad Católica en Kensington. Se trataba de un ambicioso proyecto del Cardenal Manning, que por entonces ocupaba la cabeza de la Iglesia Católica en Inglaterra. Manning había sucedido al Cardenal Wiseman (un sevillano de nacimiento famoso por haber escrito la novela *Fabiola*) y representaba, en buena medida, posturas conceptualmente opuestas a las de Newman.

La Universidad Católica acogió a un grupo muy reducido de jóvenes, la mayoría de los cuales procedían de familias adineradas que contribuyeron financieramente a la misma. Como rector fue escogido Monseñor Thomas John Capel, al que se le rodeó de un grupo de prestigiosos profesores. Sin embargo, el proyecto fue un fracaso y muchos alumnos, entre ellos Francis Morgan, apenas permanecieron unos meses en Kensington. La pérdida de confianza en Capel, debida a su mala gestión económica y a las habladurías sobre su vida personal, fue el desencadenante de ello, aunque existían otras razones de fondo. Seguramente las más poderosas fueran las derivadas de la oposición a la idea de este modelo de universidad, expresada por los jesuitas y por influyentes familias católicas, tanto de viejos católicos como de conversos, que ansiaban que se pusiera en marcha un formato de educación superior católica en el contexto de Oxford.

Así pues, tras la breve experiencia en el fallido intento que supuso la Universidad Católica en Inglaterra, Francis Morgan se decidió por continuar sus estudios en una institución similar, pero ahora, de forma obligada, fuera de Inglaterra. El lugar elegido fue Bélgica, muy cercana al Reino Unido, en concreto en la prestigiosa Universidad Católica de Lovaina.

Lovaina era un lugar habitualmente concurrido por jóvenes de las islas que podían encontrar allí lo que se les negaba en su país. En cierta forma la vetusta ciudad y su centenaria universidad recordaban a muchos centros ingleses clásicos, y ciertamente resistía la comparación con Oxford.

A la Universidad Católica de Lovaina se la suele considerar como la más antigua universidad católica del mundo, aunque durante algunos periodos del siglo XVIII y principios del XIX estuvo cerrada. A partir de la independencia de Bélgica en 1830, la universidad, reabierta por los obispos belgas, recobró

Daniel Osborne, nacido en 1669 y fallecido en 1710, está enterrado en la capilla de dicho College). El hermano mayor de Thomas Osborne Mann (el abuelo de Francis Morgan), su tío-abuelo el Reverendo Peter Osborne (1776-1850) también estudió en el Exeter College, siendo el último de los Osborne ingleses en hacerlo, ya que murió sin descendencia. Hay que tener en cuenta que Oxford (al igual que Cambridge) desempeñó durante muchos siglos una labor de seminario anglicano. De hecho, incluso durante la primera mitad del siglo XIX, prácticamente dos tercios de los graduados en Oxford acabaron por ordenarse en el seno de la iglesia anglicana. Esta circunstancia justifica, de algún modo, la precaución de las autoridades católicas ante la posibilidad de que jóvenes católicos pudieran estudiar allí.

su notoriedad y, de hecho, alcanzó cotas muy altas de prestigio, gracias a figuras como las del Cardenal Mercier quien impulsó un renacimiento de la filosofía católica.

En su aventura en Bélgica, Morgan iba acompañado por uno de sus primos ingleses de la familia Galton llamado Hubert.[9] La estancia en Lovaina fue corta pues duró apenas un par de años y estuvo marcada por el ya comentado fallecimiento en enero de 1876 de Francis Morgan (padre).

Tras la experiencia en Lovaina, Morgan volvió a Birmingham. Decidido a ordenarse, regresó para ser el tercer antiguo alumno de la escuela del Oratorio que se uniría a la Comunidad. Antes que él, los hermanos Bellasis, Richard y Louis, pioneros en todo lo relacionado con el Oratorio, se le habían adelantado. En su ausencia, el entorno del Oratorio había tenido dos pérdidas muy sentidas. En 1875 había muerto el Padre Ambrose St John, mano derecha de Newman, y durante muchos años Padre Prefecto de la escuela. Pocos meses después fallecía la señora Wooten, la principal de las damas de la escuela y uno de los referentes fundamentales de la misma desde su fundación. Estas muertes junto con otras como la del Padre Edward Caswall (sacerdote converso muy conocido por sus traducciones y sus himnos) que se produjo al poco del regreso de Francis Morgan, indican la paulatina renovación del Oratorio a cuyos padres fundadores progresivamente les iba a sustituir una nueva generación.

Como todos los aspirantes a ingresar en la Comunidad, Morgan debió superar el largo periodo de noviciado exigido a los oratorianos que para él comenzó el 18 de septiembre de 1877. Esta época hubo de ser necesariamente exigente bajo la batuta de Newman. A éste, a pesar de tratar de ser un abnegado amigo de sus compañeros y subordinados, le gustaba ser estricto con el cumplimiento de las normas, lo que a veces provocaba un cierto grado de confusión.[10]

Al mismo tiempo, durante su noviciado Morgan fue testigo excepcional del que probablemente fue el principal acontecimiento de la historia del Oratorio de Birmingham cuando en mayo de 1879 el líder de la Comunidad

---

9. En la rama católica de la familia Galton, Morgan tenía cuatro primos, todos ellos prácticamente con su misma edad: Hubert, Howard, Compton y Charles. Charles y Compton se hicieron sacerdotes (Compton llegaría a obispo) mientras que Howard estudió derecho en la Universidad de Londres y Hubert se decidió por la carrera militar y tendría una estrecha relación con Francis Morgan, especialmente en la parte final de su vida. Tanto Compton como Charles realizaron al menos parte de sus estudios en Beaumont, donde Charles volvería años después como profesor de geografía. Por otro lado, Howard y Hubert habían realizado parte de sus estudios en la Escuela del Oratorio, el primero entre 1868 a 1870 y el segundo durante el curso 1874-1875.

10. Sirva como ejemplo lo acontecido en una ocasión a uno de sus novicios, el futuro Padre Denis Sheil (que muchos años después llegaría a ser Preboste del Oratorio). Éste comentó a Newman que se encontraba mal y solicitó permiso para pasar la noche en el retiro en el campo que poseía la Comunidad en Rednal, en las afueras de la ciudad. Newman le respondió: "Sabes Denis, se supone que un novicio no debe solicitar privilegios" y tras una pausa, y ante la resignación del joven, añadió "Denis, deberías ir a Rednal, pero quédate una semana. Te sentará bien".

John Henry Newman era investido como cardenal por el papa León XIII. La noticia fue muy celebrada y diversos actos tuvieron lugar después de que Newman regresara de Roma, ungido en su nuevo cargo, en julio de ese mismo año.

A finales de ese mes, el ya anciano cardenal recibió dos sentidos homenajes, el primero en el contexto del Oratorio y el segundo en la escuela, coincidiendo con el día de entrega de premios a los alumnos. El domingo 20, tras la misa, la Sociedad de la escuela del Oratorio (formada por antiguos alumnos de la misma) le regaló un hermoso conjunto de vestimentas para las celebraciones litúrgicas en color rojo ricamente bordadas en oro, acorde a su nueva condición. Durante la entrega Lord Edmund Talbot leyó una breve nota firmada por los miembros de esta Sociedad (entre ellos los hermanos Morgan) en la que se ensalzaba el papel de Newman en sus vidas. Posteriormente las madres de los alumnos, actuales y pasados, homenajearon a Newman con una sentida alocución y un hermoso presente. Al día siguiente tanto los maestros como los alumnos de la Escuela también le mostraron sus respetos y su satisfacción por el hecho de que hubiera sido nombrado cardenal.

Sin embargo, también otros acontecimientos de particular relevancia personal para Morgan tuvieron lugar en aquel periodo. Puede que el más significativo fuera su visita a Roma a principios de 1880 acompañando al Padre John Norris, por entonces Padre Prefecto de la escuela. Ambos fueron recibidos en audiencia privada por el Papa Leon XIII. Norris describió la visita en una carta a Newman recogida en los diarios de éste:

> Se nos concedió una audiencia –y menuda audiencia– Tuvimos al Papa para nosotros durante 10 minutos en su pequeña habitación y ambos salimos contentos y encantados con la bondad del Santo Padre y su condescendencia y todavía más alegres por su evidente amor hacia usted.[11]

Tras el regreso de Roma ambos, Norris y Morgan (éste como sacristán y asistente), acompañaron a Newman del 8 a 15 de mayo a Norfolk House, la casa del Duque de Norfolk en Londres, en lo que vino a ser un homenaje de toda la sociedad británica (y no sólo la católica) a su designación como cardenal. La casa permaneció abierta a los visitantes durante toda aquella semana y algunos días se llegaron a registrar cuatrocientas visitas. Durante aquellos días Morgan alternó y compartió mesa y mantel en los varios banquetes ofrecidos por el Duque con los más insignes católicos ingleses del momento:

---

11. Charles Stephen Dessain, (Ed.), *The Letters and Diaries of John Henry Newman. Vol., XXIX*, Thomas Nelson and Sons Ltd, Edinburgh, 1961, p. 228.

El Duque y la Duquesa de Norfolk ofrecieron una cena en Norfolk House, St. James's-square, el lunes por la tarde. Entre sus huéspedes estaban su Eminencia el Cardenal Newman, el Duque y la Duquesa de Bedford, el Marqués y la Marquesa de Salisbury, Lady Mary Fitzalan Howard, el Conde de Denbigh, el Conde de Kenmare, el Conde y la Condesa de Glasgow, el Vizconde y la Vizcondesa Campden, el Vizconde y la Vizcondesa Enfield, Lady Victoria Kirwan, Lady Amabel Kerr, Lord Ronald Gower, el Obispo de Southwark, Lord y Lady Herries, Lord y Lady Hylton, Lord y Lady Churston, Lord Lyons, Rt. Hon. A. Beresford-Hope, Sir George Bowyer, Bart., Lord y Lady George Lane-Fox, Rev. F. Morris, **Rev. F. Morgan** y Wilfrid Wilberforce. El martes, sus gracias recibieron en la cena a su eminencia el Cardenal Newman, la Duquesa de Westminster, Lady Phillippa Fitzalan Howard, Lady Margaret Fitzalan Howard, Lord y Lady Edmund Talbot, el Conde Granville, el Conde de Ashburnham, el Conde y la Condesa de Jersey, Lady Arundell de Wardour, Lord y Lady Howard de Glossop, Lord Emly, Lord Norreys, el Obispo de Amycla, Hon. y el Reverendo Mons. Talbot, Hon. William H. y la Mrs North, Miss Minna Hope, Miss Kirwan, Mr. y Mrs. Francis Kerr, Mrs. Washington Hibbert, Mr. Wegg-Prosser, Mr. Edward Hope, Mr. Basil Wilberforce, Mr. y Mrs. Lilly, Mr. E. Bellasis, Rev. F. Norris, **Rev. F. Morgan** y EG Ward. El jueves el duque y la duquesa ofrecieron de nuevo una cena a los invitados, y tanto la tarde de lunes como la del martes y el jueves la Duquesa organizó una recepción íntima. El viernes hubo una recepción tras la comida. El Cardenal Newman debe abandonar la ciudad hoy (sábado) y partir hacia Birmingham.[12]

En los años que siguieron, Francis Morgan siguió desempeñando su papel de novicio hasta que finalmente fue ordenado sacerdote el 4 de marzo de 1883 e ingresó en la Comunidad del Oratorio poco después, el 25 de mayo de ese mismo año.

Tenía toda una vida por delante para dedicar a su vocación.

---

12. *The Tablet.* 15 de mayo de 1880, p. 24.

La Comunidad del Oratorio

La vida corriente de un miembro de la Comunidad del Oratorio era sosegada aunque no ociosa. Cada uno de ellos tenía su propia habitación, que le servía como despacho y dormitorio al tiempo. Todas eran muy similares, con un crucifijo encima de la cama presidiendo la estancia y los objetos personales y premios de cada uno repartidos por las paredes laterales. La habitación de Francis Morgan, a la que él llamaba su "celda", siempre estaba demasiado llena. A ello contribuía, en buena medida, un enorme armario móvil que ocupaba la parte central de la misma y que estaba repleto de libros, muchos de ellos en castellano.

Al margen de las habitaciones, existían varios espacios comunes, como la Biblioteca, en la que podían encontrarse valiosos libros, buena parte de los cuales eran propiedad de Newman, o el refectorio, una sala con muchas mesas pequeñas y un púlpito frente a ellas en un rincón, en la que tenían lugar el almuerzo y la cena. Durante ella, el Superior se sentaba sólo (al menos en la época de Newman) y los padres por parejas. La comida era servida por dos padres y un novicio leía sucesivamente desde el púlpito un capítulo de la Biblia, un breve pasaje de la vida de San Felipe Neri y finalmente algún capítulo de cualquier libro, religioso o no, de interés general. Hacia el final de la cena uno de los padres proponía dos cuestiones para la discusión o más bien para el intercambio de opiniones. Después se pasaba a otra habitación donde tenía lugar una frugal sobremesa y se degustaba una copa de vino.

La congregación, siguiendo el modelo de la orden felipense, estaba constituida por sacerdotes seculares que, aunque vivían bajo obediencia, no habían realizado ningún voto que los atara a la misma. Ésta es la razón que justificaba el largo noviciado de tres años de los aspirantes a ingresar en la congregación y que necesariamente verificaba la firmeza de su intención de unirse a una Comunidad sin votos. El superior de la casa, llamado Preboste, era elegido cada tres años mediante votación. Junto a él se escogían cuatro ayudantes que debían colaborar con el Preboste en el gobierno de la congregación. Sin embargo, no todos los padres tenían derecho a voto, pues éste estaba restringido sólo a aquellos que habían estado diez o más años en la misma, a los que se les llamaba Padres Deceniales.

Las competencias del Preboste, aunque amplias, no le permitían decidir por sí mismo aquellos asuntos especialmente graves que afectaban a la Comunidad. En estos casos se reunía todos sus miembros en pleno y se realizaba una votación en la que, igualmente, sólo podían participar los Padres Deceniales. Sin ir más lejos, ante los conflictos iniciales ocasionados en la escuela por la divergencia de planteamientos con el primer Padre Prefecto de la misma, Nicholas Darnell, Newman (primer Preboste de la Comunidad) necesitó del apoyo de los Padres del Oratorio para poder actuar y sustituirle.

La admisión en la congregación también necesitaba del apoyo de los Padres Deceniales, debiendo tener el candidato entre 18 y 40 años, además de poseer los suficientes ingresos como para mantenerse. Como ya se ha dicho, era necesario superar un noviciado de tres años, más una permanencia de diez años en la Comunidad para convertirse en miembro con derecho a voto y ser elegible para desempeñar cargos de importancia en la congregación.

Los tres objetivos que perseguía la Comunidad eran Oración, Sacramentos y Predicación. El primero de ellos implicaba la necesidad de realizar con el máximo esmero todos los oficios litúrgicos. Los Sacramentos debían ser recibidos con frecuencia por los miembros de la Comunidad. Además, se le daba una gran importancia a la confesión, por lo que alguno de los padres estaba siempre en el confesionario. Según las indicaciones del propio San Felipe, en su actitud ante las faltas debía primar la amabilidad sobre la severidad, incluso en las más graves. La Predicación también era un elemento importante, y los sermones solían ser generalmente simples y familiares.

Ciertamente el Oratorio de Birmingham era a todos los efectos una parroquia. No debe olvidarse, por encima de otras cuestiones, que se celebraban misas y se escuchaban confesiones diariamente, se predicaba y ayudaba en cárceles, hospicios y orfanatos o se mantenían y gestionaban escuelas gratuitas para pobres. Sin embargo, por su propia naturaleza, tenía unas características singulares y dado que no existía la exigencia de que los miembros de la misma debieran renunciar a sus posesiones temporales (unido a que la mayoría procedían de familias pudientes) contrastaba vivamente con otras órdenes.

No se trataba de que los sacerdotes del Oratorio alardearan de sus posesiones, sino de que la disponibilidad de éstas les permitía satisfacer ciertos deseos como el de tomar vacaciones, entregar cheques para el coro o bien, con un cariz diferente, involucrarse en empresas comprometidas, como demostraría el propio Morgan con el apoyo económico que prestó a los huérfanos Tolkien. Pero, pese al contacto social que pudieran tener, la vida pastoral era el principio rector de los miembros de la Comunidad y a él se entregaban plenamente.

Respecto a la trayectoria de Morgan, durante su noviciado a principios de los años ochenta ejerció de secretario personal del Cardenal Newman que llegó a escribirle a El Puerto de Santa María en el verano de 1882 para darle indicaciones de sus cometidos, ante su propia futura ausencia del Oratorio. Entre ellos figuraba el de comprobar si había donativos en alguna de las cartas que le enviaran y entregárselos al Padre Austin Henry Mills (por entonces tesorero de la Comunidad) y responder en su ausencia a algunas de ellas indicando que el cardenal regresaría en breve, en especial a las que pudieran llegar de los poetas Aubrey Thomas de Vere o Alfred Tennyson.

Más adelante estuvo con Newman un tiempo en Londres, e intervino en la mediación que, hacia el final de su vida, éste realizó durante los conflictos laborales de la gran factoría de chocolate Cadbury, y que enfrentaban a sus propietarios cuáqueros con sus trabajadores, en su mayoría irlandeses católicos.

Con el tiempo ocupó cargos dentro de la Comunidad como el de Padre Sacristán, el encargado de tratar con el personal doméstico adscrito al Oratorio (tanto a la Comunidad como a la escuela, lo que implicaba una gran cantidad de tareas en las que solía ser asistido por un novicio), o el de Tesorero de la Iglesia lo que le obligaba cada lunes a contar el total de las limosnas recogidas y que, en aquella época, venían a ser alrededor de veinticinco libras. También actuó en nombre del Oratorio en varias cuestiones, al ser su representante en algunas donaciones que recibió la Comunidad o al ser el impulsor de una propuesta al obispo de la diócesis de Birmingham, Edward Ilsley, relativa a ciertos cambios en la gestión de las escuelas femeninas adscritas al Oratorio.

De hecho, mostró un gran interés en temas educativos desde sus primeros años como sacerdote. Su presencia se puede rastrear en diversos encuentros sobre la educación católica y también en los días de entrega de distinciones y exhibiciones de diferentes escuelas católicas. Es un hecho verificable que visitó escuelas tan distantes como Abbey School (junto al lago Ness), la Escuela Primaria Católica de St. Anne en Birmingham, St. Mary's College, Oscott, etc.

También participó en actividades religiosas, por ejemplo, asistió repetidamente a la peregrinación anual a la Abadía de Erdington, así como a la inauguración de algunas iglesias o estuvo presente en varios homenajes a personalidades católicas. Obviamente, también ejerció el sacerdocio y administró los sacramentos muchas veces a lo largo de su largo ministerio. Así, celebró y colaboró en numerosas bodas, bautizos y funerales.

Sin embargo, nunca fue una figura que deseara ninguna clase de notoriedad, lo que queda demostrado si se tienen en cuenta las pocas referencias que han quedado sobre sus trabajos, pese a su antigüedad en la orden. No destacó especialmente en los deportes, ni era un inspirado orador, ni escritor, pero no era en absoluto un patán, pues, por ejemplo, su ansia de lectura era patente y para probarlo simplemente bastaba con echar un vistazo a su habitación repleta de libros.

Lo que resulta indudable es que estuvo presente y fue testigo privilegiado de la formación y desarrollo de la Comunidad del Oratorio, pese a que las cuestiones por las que se le recuerda son hasta cierto punto anecdóticas, como su interés por el coro y la música vocal. Describía el canto de los muchachos con buena voz como "gotas de oro líquido"[1] y él mismo, con su voz de tenor, participó muchos años en las misas y representaciones cantadas que habitualmente se llevaban a término en el Oratorio durante la Semana Santa o en ocasiones destacadas como el Día de Todos los Santos.

En todo caso, es más que probable que su dedicación a tareas que no llevaban asociada la posibilidad de reconocimiento intelectual, haya contribuido a que sus logros no sean demasiado conocidos ni resaltados. Debe tenerse en cuenta que la principal labor que desarrollaba era la pastoral, tanto en la parroquia como en las escuelas parroquiales, ya fuera confesando, visitando las casas de los feligreses o colaborando durante los tres días que duraba el bazar anual en ayuda de las escuelas parroquiales. De hecho, su preocupación por los niños de las escuelas parroquiales es destacada en su nota necrológica de The Tablet:

> Se sentía especialmente atraído por trabajar para los niños de la escuela parroquial. Se entregó a estos pequeños y por ellos llevó a cabo un gran trabajo educativo.[2]

Por otro lado, en su nota necrológica publicada en la revista de la Escuela del Oratorio, se destaca precisamente su forma de ser y su carácter:

> Siempre estaba dispuesto a animar a cualquiera con su risa cordial y sus ocurrentes observaciones o a consolarlo con buenos consejos y palabras de aliento.[3]

También se apunta a otra de sus virtudes que accidentalmente le confirieron un inesperado reconocimiento:

> Igualmente se le recuerda por su particular afecto por los niños o por sus múltiples actos de caridad, en su mayoría realizados de forma anónima y secreta.[4]

---

1. F. Philip Lynch, 'Francis Xavier Morgan (1935)', Disertación ofrecida el 16 de noviembre de 1987, *Oratorio de Birmingham*, <http://www.birminghamoratory.org.uk/about-the-oratory/biographies-of-pastmembers/f-francis-xavier-morgan-1935> [Consultado el 12 de diciembre de 2017].
2. *The Tablet*, 22 de junio de 1935, p 12.
3. *Oratory School Magazine* 89, Diciembre 1935, p 10.
4. Op. cit. Tuvo esta actitud con los huérfanos Tolkien, tal y como recuerda Humphrey Carpenter: "La generosidad y el afecto del sacerdote hacia ellos fue inagotable. Su generosidad tuvo carácter práctico, porque poseía una renta privada procedente del negocio familiar de vinos de jerez, y como no estaba obligado por el Oratorio a ceder sus bienes a la Comunidad, podía disponer de ellos para sus fines personales. Mabel sólo había dejado ochocientas libras de capital invertido para el sustento de sus hijos,

A pesar de sus muchos años como oratoriano, nunca fue Preboste de la Comunidad, el cargo principal de la misma y que solía recaer en los sacerdotes más veteranos. Tras Newman, Morgan sería testigo de cómo lo ocuparían los Padres Ignatius Ryder, John Norris, Richard Bellasis, Denis Sheil (los dos últimos habían estudiado como él en la escuela del Oratorio) y Vincent Reade.

Morgan fue igualmente testigo de la muerte del Cardenal Newman, algo que, tras numerosos años de contacto, significó un gran golpe tanto para él como para el resto de padres. Ciertamente sus últimos años estuvieron marcados por su delicado estado de salud debido a su avanzada edad. Entre los Padres del Oratorio era una preocupación constante ya que el evidente deterioro de su estado físico le impedía realizar sus tareas cotidianas o, por ejemplo, asistir a misa sin el apoyo de varios de los Padres del Oratorio. Por fortuna conservó plenamente sus facultades mentales hasta el final, de forma que, en una de sus últimas apariciones, demostrando su implicación con su obra hasta el último momento, acudió a una obra de teatro interpretada por los alumnos de la escuela del Oratorio y repartió los premios anuales entre ellos. Apenas unos días después su salud sufrió un empeoramiento fatal debido a una neumonía que le produjo una fiebre muy alta y le hizo entrar en coma.

El Padre Austin Mills fue el encargado de aplicarle la extremaunción en presencia de los catorce integrantes de la Comunidad, quienes igualmente fueron testigos de su fallecimiento acontecido poco antes de las nueve del 11 de agosto de 1890. Su cuerpo fue expuesto en la Iglesia del Oratorio hasta el día de su entierro, el diecinueve de agosto, y fue visitado por numeroso público, siendo velado durante estos días por todos los Padres. El día del entierro tuvo lugar una solemne Misa Pontifical y Réquiem en la Iglesia del Oratorio, seguida por un servicio más corto en el cementerio que la Comunidad tiene en su retiro de la aldea de Rednal donde Newman fue enterrado, junto a los miembros de la Comunidad fallecidos anteriormente. Durante el recorrido entre el Oratorio y el cementerio más de quince mil personas acompañaron al cortejo fúnebre durante el trayecto.

No obstante, la vida continuó y Morgan también participó de los hechos posteriores a la muerte de Newman, tales como la edificación de la nueva iglesia comenzada en 1903 e inaugurada en diciembre de 1909 o el polémico traslado, después de la Gran Guerra, de la escuela del Oratorio, desde su emplazamiento original junto al Oratorio al nuevo en Caversham. Desde que se produjo este traslado, el Padre Morgan comenzó a visitar anualmente (en junio o julio) la escuela en su nuevo emplazamiento. Sus visitas eran

---

pero el Padre Francis aumentó esa cifra calladamente con su propio peculio, asegurando que no faltara nada esencial para el bienestar de Ronald y Hilary". Humphrey Carpenter, *J.R.R Tolkien. Una biografía*, Editorial Minotauro, Barcelona, 1990, p. 44.

muy celebradas y fueron hondamente añoradas tras su muerte.⁵

Una cualidad de su personalidad ha trascendido a lo largo de los años que vivió en el Oratorio: al contrario que algunos de sus compañeros como el Padre Joseph Bacchus, quien pese a lo inspirados que podían ser sus sermones, era incapaz de mantener una conversación cuando visitaba una casa particular; en el caso de Francis Morgan su carácter alegre y su capacidad de comunicarse, incluso de chismorrear, eran su rasgo distintivo. Puede que una de las mejores definiciones sobre él la diera J.R.R. Tolkien en una carta escrita en 1965, treinta años después de su muerte:

> Era un Tory Hispano-Galés de clase alta y a algunos les parecía simplemente un viejo snob y chismoso. Lo era y no lo era. Yo aprendí caridad y misericordia de él y su luz penetró incluso la oscuridad 'liberal'⁶ de la que yo procedía.⁷

---

5. La escuela le resultaba muy querida y para referirse a ella a menudo empleaba el término "paraíso terrenal". *Oratory School Magazine* 89, Diciembre 1935, p. 10.
6. Esto coloca al Padre Morgan como trasmisor de las enseñanzas del cardenal Newman, quien expresó de forma inequívoca sus ideas a este respecto en la alocución que pronunció al recibir el nombramiento de cardenal: "Durante treinta, cuarenta o cincuenta años me he resistido con todas mis fuerzas al espíritu del Liberalismo en religión. [...] El Liberalismo en religión es la doctrina que no acepta la existencia de la verdad absoluta en el ámbito religioso, sino que afirma que un credo es tan bueno como cualquier otro; ésta es la enseñanza que día a día va ganando acometividad y fuerza. Se manifiesta incompatible con el reconocimiento de cualquier religión como verdadera. Enseña que todas deben ser toleradas, como asuntos de simple opinión. La religión revelada –se afirma– no es una verdad, sino un sentimiento y una experiencia; no obedece a un hecho objetivo o milagroso, y a cada persona le asiste el derecho a interpretarla a su gusto". *Speech of His Eminence Cardinal Newman on the reception of the "Biglietto" at Cardinal Howard's palace in Rome on the 12th of May 1879*, Librería Spithöver, Rome, 1879, pp. 6-7.
7. Humphrey Carpenter, (ed.), *Cartas de J.R.R Tolkien*, Editorial Minotauro, Barcelona, 1993, Carta 267, p. 412.

La vida entre Birmingham y El Puerto de Santa María

A principios del siglo XX, un periodista local de El Puerto de Santa María, llamado Mariano López Muñoz, afirmaba en la *Revista Portuense* que:

> Existe en nuestro pueblo una herencia espiritual, pero no un patrimonio de raza. El Puerto no es la estirpe, no es la raíz o tronco de una familia. La ciudad tiene más de alambique y de molde, que de cuna. En cuanto corre por la sangre un miligramo de sal marina de la que satura el ambiente o una gota del vino sutil de estas soleras que sin embriagar adormece, El Puerto ha realizado su conquista. Un hijo de castellanos-cántabros, nacido aquí, dirá siempre que es portuense. Dirá lo mismo que el nieto del inglés o de otros extranjeros. El ambiente penetra, domina y caracteriza cuanto se le entrega.[1]

Estas proclamas no son simplemente fruto de un apasionado intento de ensalzamiento de las virtudes de su ciudad, sino que parecen encerrar una verdad que se puede demostrar de forma empírica, siendo un buen ejemplo de ello Francis Morgan. Pese a que a medida que Curro Morgan se convertía en el Padre Francis Morgan, la distancia con los suyos y con su ciudad necesariamente aumentaba, ya que su vida adulta discurrió lejos de El Puerto, en todas sus cartas y declaraciones siempre se refería a la ciudad que le vio nacer como su hogar y era habitual que en sus misivas dirigidas a alguien de El Puerto de Santa María, se despidiera deseando lo mejor a los *de casa*, lo que sin duda, más que una cuestión de forma, mostraba donde ubicaba sus raíces.

Por otra parte, nunca tuvo la intención de olvidar sus orígenes ni de renunciar a ellos. Se distinguía de sus compañeros oratorianos por su carácter alegre y extremadamente jovial, nada convencional para el arquetipo inglés, y que él mismo atribuía a sus orígenes españoles. Tanto es así, que nunca perdió, ni quiso perder, sus raíces y mientras le fue posible visitó España, pues se puede constatar que durante una gran parte de su vida aprovechó sus vacaciones para volver periódicamente con los suyos, con su *tribu*, como él decía.

---

1. La denominada Revista Portuense no era sino un periódico local de El Puerto de Santa María, aparecido en 1890 y que se mantuvo hasta 1938. De claro signo conservador, tenía su sede en el número 116 de la calle Larga y sus noticias se centraban en hechos de la vida social que habían tenido lugar en la ciudad o en las localidades vecinas, aun cuando, en ocasiones, reproducía noticias nacionales e incluso internacionales.

Sería interesante reflexionar sobre las sensaciones nostálgicas que debían invadirle mientras llevaba una vida alejada de su familia y de los paisajes del sur de España, a pesar de vivir perfectamente integrado en Inglaterra y de dominar las costumbres y la lengua del país. En cualquier forma esto no debe llevarnos a engaño y en absoluto puede afirmarse que demostrara el menor atisbo de arrepentimiento del camino elegido, ni dudas sobre su vocación, sino todo lo contrario.

Los vínculos que los Morgan habían establecido con El Puerto de Santa María, al margen de sus relaciones familiares y de los bienes que en ella poseían, eran ciertamente sólidos. Francis Morgan (padre) fue un considerado prohombre de la ciudad, miembro fundador, por ejemplo, del *Casino Portuense* en 1852, junto a los más destacados apellidos de la mejor sociedad de El Puerto. El *Casino Portuense* era una especie de sociedad cívica que servía de punto de encuentro a sus miembros y en la que se celebraban tertulias, charlas e incluso fiestas.

En cualquier caso, durante los años sesenta y setenta del siglo XIX la presencia de la familia en la ciudad iba a verse muy reducida ya que residían habitualmente en el extranjero. Tampoco María Manuela regresó a España a la muerte de su esposo en 1876 (algo que no haría hasta sus últimos años) y, por el contrario, se trasladó al sur de Londres, exactamente a Richmond. No obstante, en las dos casas de la familia en El Puerto de Santa María, que pasaron tras la muerte del patriarca a su esposa, se estableció el mayor de los hermanos Morgan, Tomás. Al poco el Casino fijó su sede en una de ellas, en la planta baja de la casa de la calle Larga 124 (lugar en el que permanecería hasta 1899) aunque se accedía a él por la calle Nevería.

En aquellos días se decidieron también los destinos de sus hermanos, pues poco tiempo después de la muerte de su padre, Francis comenzó su noviciado en la congregación del Oratorio de Birmingham (como se ha visto en capítulos anteriores) y, una vez acabados sus estudios, Augusto inició una larga trayectoria dedicada a los negocios. Por su parte, su hermana Isabel también se alejaría de ellos al ingresar en una orden religiosa, la de las Monjas Reparadoras, y habría de pasar gran parte de su vida en Tierra Santa.

Augusto Morgan vivió muchos años alejado de El Puerto de Santa María y no regresó definitivamente hasta la muerte de su hermano Tomás (coincidente con el final de la Primera Guerra Mundial) del que heredó las casas familiares que éste, como primogénito, había recibido de su madre.

Sus primeros años alejado de España trascurrieron en Londres y, de hecho, cuando murió su madre, en abril de 1894, tuvo que regresar precipitadamente a El Puerto de Santa María (algo que no le fue posible hacer en aquel momento a su hermano Francis). El año 1894 estuvo lógicamente marcado por este fallecimiento y en agosto se reunieron en la casa familiar los tres hermanos. De hecho, una triste anécdota recogida en la *Revista Portuense* nos confirma la presencia de Francis Morgan en la ciudad, que debió confesar y suministrar los últimos sacramentos a una joven irlandesa llamada Isabel Byan, la cual enfermó mientras pasaba la temporada de verano en El Puerto.

Siguiendo con la trayectoria de Augusto Morgan debe señalarse que hacia finales del siglo XIX redirigió su residencia a Oporto, al norte de Portugal, donde en 1898 se recondujo el negocio familiar propio de los Morgan (cuyas ramificaciones, además de España, incluían sedes en Inglaterra y Portugal) estableciendo una nueva compañía que se denominó formalmente Morgan Brothers[2] con un capital inicial de 100.000 libras esterlinas.

La participación de Augusto en este negocio, como en el resto de aventuras empresariales que emprendió, resulta de sumo interés ya que el capital de Francis Morgan era administrado por su hermano con completa libertad. De hecho, los réditos de los negocios en que participaba su hermano (y en los que invertía su dinero) eran su principal fuente de ingresos, aunque debido a que su nombre no solía figurar en ellos, se produjo la curiosa circunstancia de que, a la muerte de Augusto, Francis Morgan hubo de pagar tributos por heredar su propio dinero. Así se lo contaba a su sobrino segundo Antonio Osborne:

> Debes saber que casi todo el capital que yo poseo personalmente y por el cual Augusto me pagaba un interés anual está incluido en el cálculo hecho de su propiedad así que estoy pagando impuestos por lo que es y ha sido mi propiedad durante todos estos años.[3]

Volviendo a Morgan Brothers, los gestores principales de la misma residían en Portugal, de modo que su primer director ejecutivo fue Albert Morgan, casado con una hija de John Alexander Fladgate, uno de los principales productores de Oporto. Los otros socios principales, aparte de Augusto Morgan, eran Aaron Herbert Morgan e Ivo Bligth, el único que no pertenecía a la familia Morgan, y que se convertiría, tras la muerte de su padre, en el octavo Conde de Darnley, aunque, al margen de esto, fue un personaje muy reconocido al haber sido capitán de la selección inglesa de *cricket* que derrotó a Australia en una importante competición.

A principios de siglo el propio Augusto Morgan asumió la dirección de la empresa que compatibilizó con una intensa vida social, llegando a ser miembro del comité ejecutivo del prestigioso Oporto British Club. A Augusto Morgan le sucedió en la tarea como director de la compañía un joven pariente llamado James Morgan, que fue el último de la familia en dirigir la empresa. Los años treinta y cuarenta del siglo XX marcaron un

---

2. Morgan Brothers (Wine Shipers) Limited.
3. Carta de Francis Morgan a Antonio Osborne, 17 de febrero de 1933, Archivo Osborne.

declive de Morgan Brothers que, tras dejar de pertenecer a la familia, fue finalmente absorbida a principios de los años cincuenta por la compañía Croft.

Durante sus años de residencia en Oporto, Augusto viajaba con frecuencia a España y en más de una ocasión llevó consigo a Portugal a su hermano Tomás para que pasara algunas temporadas con él. Cuando regresó definitivamente a su ciudad pudo dedicarse a participar intensamente en actos sociales y religiosos como miembro distinguido de la conocida Archicofradía del Santísimo, directivo de la Casa Social Católica, suscriptor destacado en la restauración del órgano y campanas de la Iglesia Mayor Prioral y, hacia el final de sus días, presidente de la Junta Patronal. Su regreso no implicó, sin embargo, el abandono de su vocación por los negocios, ya que en 1921, con motivo de la apertura de una sucursal del Banco Matritense en la ciudad, fue nombrado presidente de dicha sucursal, un cargo que ocuparía hasta el cierre de la entidad en 1923.

A Francis Morgan no le era tan fácil regresar a casa como le había resultado a Augusto, dadas las obligaciones que implicaba su pertenencia a la Comunidad del Oratorio, pero eran muy frecuentes sus visitas veraniegas, a pesar de que no se trataba de un viaje fácil ni cómodo. Primero debía dirigirse de Birmingham a una ciudad costera donde embarcaba en un navío de alguna de las compañías que hacía la travesía hasta la península ibérica y que generalmente se dirigían a Gibraltar (una de las compañías navieras a las que más frecuentemente recurría era la Peninsular & Oriental Steam Navigation Company, más conocida como P&O). En el viaje por mar entre Inglaterra y Gibraltar se empleaban unos cinco días de navegación por mar abierto. Desde allí, un largo viaje en diligencia o bien una travesía de varias horas en un trasbordador hasta Cádiz, le conducía finalmente con los suyos.[4]

Los regresos periódicos constituían, en cierto modo, una huida de la existencia urbana que significaba la vida en la industrial Birmingham. Los avances técnicos de la época, algunos tan significados como la electricidad o la aparición de los automóviles, eran realidades en la gran ciudad inglesa mucho antes que en el sur de España, donde irían llegando paulatinamente.

Sus estancias, generalmente durante el verano, le permitían visitar localidades cercanas, donde la familia pasaba los periodos de descanso desde la época de su bisabuela, tales como Chiclana o, en el interior, Arcos de la Frontera o Bornos, aunque lo verdaderamente relevante era volver a El Puerto de Santa María, que conservaba, con escasos cambios, su aspecto y los elementos fundamentales que lo dotaban de una personalidad singular. Igualmente podía ir conociendo de primera mano la evolución de

---

4. En 1875 un viajero inglés, Henry Vizetelly, describió detalladamente este viaje, cuya narración es el punto de partida de su obra *Facts about Sherry Gleaned in the Vinegards and Bodegas of the Jerez, Seville, Moguer, & Montilla Districts during the Autumn of 1875*.

sus familiares, tanto en los negocios como en el terreno personal, con un incesante discurrir de bodas, nacimientos de hijos y también fallecimientos. Entre éstos deben destacarse especialmente los de su tía abuela Cecilia[5], la celebridad de la familia gracias a sus novelas, en 1877 y el de su tío Tomás Osborne Böhl de Faber en 1890, el patriarca de la familia Osborne.

Fue en esta época precisamente, cerca del cambio de centuria, cuando los Osborne rompieron casi por completo con el pasado inglés de la familia, al ser vendidas las tierras en Devon heredadas de Thomas Osborne Mann, y manteniéndose únicamente la costumbre de que los jóvenes de la familia siguieran acudiendo a las islas a educarse. Esto llevó a que Francis Morgan se debiera ocupar de pequeñas cuestiones relacionadas con ellos, al ser, en cierto modo, el representante familiar en el Reino Unido.

Entre sus tareas en este sentido había de acompañarles a España en muchas ocasiones cuando las fechas de las vacaciones estivales coincidían. Por ejemplo, en el verano de 1911 mientras sus protegidos ingleses, los Tolkien (de los que se hablará más adelante), disfrutaban de unas vacaciones inolvidables en Suiza, él acompañaba a España a Ignacio Osborne Vázquez, de trece años, que habría de heredar la dirección del negocio algunos años después y conducirlo durante casi medio siglo.

Pero además tuvo que ocuparse de otros asuntos. Por ejemplo, en una carta (aún conservada) que Morgan escribió a principios de 1914 a Elisa Vázquez, esposa de su primo Tomas Osborne Guezala, se describen algunos detalles relativos a un incidente médico. Ignacio, su hijo, es de nuevo el protagonista, pues mientras estaba estudiando en Beaumont[6] viajó a Londres con su hermano José Luis (también alumno de esta escuela) para tratarse una lesión en un tendón. Allí les esperaba Francis Morgan que había encontrado a un especialista para su dolencia y llevó a Ignacio a la consulta del famoso *coloca-huesos* Herbert Atkinson Barker que, a pesar de no disponer de título médico, era muy popular entre las clases altas londinenses. Después, también tuvo que atender algunas de las necesidades de los niños:

> Ignacio me ha dicho que necesitaba un abrigo y otras cosas y se las he comprado, pero José Luis, como siempre, no necesitaba nada. Pero ninguno tenía dinero para pequeños gastos personales, así que les he dado algo.[7]

Estas obligaciones familiares resultan hasta cierto punto anecdóticas respecto al discurrir de su vida cotidiana en Inglaterra, donde, por otra parte, pasó la mayor parte de su vida. Allí desarrolló su vocación y ejerció

---

5. Algunos objetos personales de la escritora fueron legados a los Morgan, ya que María Manuela Osborne, como sobrina suya, estaba entre sus herederas. Recibió de ella, además de 1.000 reales, una pulsera de oro y esmalte y una figura de la Virgen de los Dolores.
6. Al igual que hiciera su padre.
7. Carta de Francis Morgan a Elisa Vázquez, 29 de febrero de 1914, Archivo Osborne.

su sacerdocio, pero también tuvo tiempo para viajar e incluso para tomar vacaciones y recorrer el país. De hecho, todavía se guardan algunas fotos de sus viajes, como una de agosto de 1890 (poco después de la muerte del Cardenal Newman) en Lynton, una pequeña ciudad de bellos paisajes en la costa de Devon, acompañado por un niño que probablemente era un alumno de la escuela del Oratorio.

En todo caso, como ya se ha dicho, su auténtico hogar estaba en El Puerto de Santa María y no resulta difícil imaginarle deambulando a través de las calles de su ciudad natal en las tardes estivales, recorriendo uno de los ejes principales de la misma como era, y todavía hoy es, la calle Palacios, que nace en la Plaza de la Iglesia Prioral, donde tantos bautizos, bodas y entierros de la familia han tenido lugar, y que llega casi hasta el muelle, ya que desemboca en la entrada del hospital de San Juan de Dios, que está pegado al discurrir del río, o del océano, pues es fácil confundir donde acaba el uno y comienza el otro.

Cortando la calle Palacios, como dos estiletes paralelos, la calle Larga y la Nevería (llamada algún tiempo Castelar[8] y hoy denominada Muñoz Seca[9]), recorren en perpendicular la zona centro. En estas calles estaban las casas de la familia Morgan, en dos fincas comunicadas que daban a ambas, en la manzana limitada por la propia calle Palacios y la de Santo Domingo. A una corta distancia girando a la izquierda, en el 57 de la calle Palacios, está la casa de los Osborne, donde hoy una placa recuerda la presencia en ella de Washington Irving[10] y, poco más allá, de nuevo la Iglesia Prioral.

Siguiendo unos metros la calle Nevería desde la casa de los Morgan, del número 27 actual hasta el 44, se llega al convento de las Carmelitas. Allí, en un panteón familiar, se encuentran enterrados la mayoría de los miembros de la familia (no sólo de los Morgan sino también de los Osborne) y entre ellos María Manuela (la cual en primer término fue sepultada en el cementerio municipal) y sus hijos Tomás y Augusto. Un poco más alejada de estas referencias, la presencia del Castillo de San Marcos se impone como testigo de épocas realmente pretéritas en la ciudad. No muy lejos de él se encuentran las bodegas Osborne y, en el número 4 de la actual calle Fernán Caballero, la casa de Vicuña y Campillo, la mansión familiar donde solía residir el patriarca de la familia. Alejándonos todavía más aparece la imponente plaza de toros, que marcaba, hasta bien avanzado el siglo XX,

---

8. Emilio Castelar (1832-1899). Político español que fue el último presidente de la Primera República Española.
9. Pedro Muñoz Seca (1879-1936) Dramaturgo español nacido en El Puerto de Santa María y fallecido en los primeros meses de la Guerra Civil Española. Su domicilio familiar se encontraba en esta misma calle, en el número 48, y es muy posible que entre su familia y los Morgan existiera un conocimiento mutuo pues, además de la vecindad, miembros de la familia Muñoz pertenecían a la sociedad del Casino. Esto es igualmente aplicable a la familia del más conocido escritor de la historia de El Puerto, el poeta Rafael Alberti (1902-1999), que vivía a pocas calles y cuyos abuelos fueron socios fundadores del casino.
10. Lo que es altamente improbable pues durante su estancia permaneció en la finca de El Cerrillo.

el límite de la parte antigua de la ciudad con la zona despoblada en la que tendría lugar la expansión urbana de la ciudad.

Madurez

Los Tolkien

A principios del siglo XX el Padre Francis Morgan asumió el cargo de párroco en la iglesia del Oratorio, lo que llevaba asociado tener que alternar en mayor medida con los feligreses, implicándose con ellos, tratando de ayudarles en sus problemas y visitándoles para apoyarles tanto en el terreno espiritual como en el humano. Si se tiene en cuenta la situación minoritaria y marginada de los católicos en Inglaterra que sufrían el desafecto generalizado por parte de la mayoría anglicana, el vínculo entre ellos y su sacerdote resultaba fundamental para mantener viva la llama de la fe.

Podría pensarse que para Francis Morgan significó un cambio importante tener que relacionarse de forma tan directa con los fieles de la parroquia, muchos de los cuales eran de condición humilde. Sus parientes y aquéllos con los que había coincidido en la escuela del Oratorio (ya fuera como condiscípulos o como alumnos de la misma mientras él era novicio o miembro de pleno derecho de la Comunidad), formaban la base de sus amistades y, por lo general, gozaban de excelente posición.

Sus familiares ingleses, aparte de los miembros de la familia Morgan, eran los Shaw y los Galton, todos ellos pertenecientes a la élite social. A mediados del siglo XIX, los patriarcas de la familia Shaw eran Charles James Shaw y su esposa Nerea (de soltera Rücker Álvarez de Navia) que se habían conocido en Uruguay, si bien, la familia de ella, por parte de padre, procedía de Hamburgo. Años después se habían trasladado a Birminghan, de donde procedía Charles James, quien era un próspero comerciante. Sus hijos Charles Conrad y James Frederick[1], nacidos en 1857 y 1858, estudiaron en la escuela del Oratorio en la misma época que Francis Morgan, lo que probablemente cimentó su amistad.

Como sacerdote, Morgan participó en muchos de sus eventos familiares, como la boda de James Frederick Shaw en 1890, en la que les regaló a los novios las obras del Cardenal Newman, o el funeral de Nerea Shaw en 1891. Su contacto con ellos se mantuvo a lo largo de los años, e incluso participó, siendo ya anciano, en el funeral del único hijo de James Frederick que tuvo lugar en 1930. Entre los Galton (ya mencionados en capítulos anteriores) también se encontraban prominentes miembros de la sociedad británica. De

---

1. James Frederick Shaw, fue High Sheriff de Warwickshire entre 1909 y 1910 y su hermano Charles Conrad Shaw hizo una gran donación para la nueva iglesia del Oratorio. Esto junto a sus numerosas acciones y donativos en favor de la Iglesia Católica hicieron que fuera reconocido por el Papa con una alta distinción en la Orden de San Silvestre.

hecho, entre los integrantes de la familia (aunque en la rama no católica) estaba Francis Galton, el famoso científico inglés emparentado con Charles Darwin, o los banqueros Barclay. El patriarca de la rama católica de la familia era Theodore H. Galton que falleció en 1881, y en cuya misa de funeral colaboró Francis Morgan, que era todavía un novicio.

En cuanto a sus relaciones al margen de su familia, tuvo ilustres condiscípulos y, del mismo modo, como miembro de la Comunidad y colaborador de la escuela se relacionó con algunos jóvenes que, con el tiempo, se iban a convertir en hombres que desempeñarían papeles destacados en la sociedad. Varios de ellos se dedicaron a la política o a la diplomacia y, pese a ser católicos, alcanzaron importantes puestos como James Fitzalan Hope, Philip Henry Kerr o Pierse Creagh Loftus. Otros muchos se incorporaron al ejército, como el Teniente General Sir Adrian Carton de Wiart e incluso algunos se convirtieron en espías como Edward Noel. Pero la lista de alumnos contemporáneos a Morgan también incluye científicos como Charles John Philip Cave, músicos como Arthur Hervey o el famoso tenor Gervase Elwes, pintores como John Reinhard Weguelin y escritores como Hilaire Belloc, uno de los alumnos académicamente más destacado de la escuela (obtuvo premios especiales en matemáticas y literatura) y que luego lograría una gran fama como escritor.

Sin embargo, y pese a las apariencias, desde que se hizo oratoriano, debido en buena medida a su carácter abierto y su generosidad natural, el Padre Morgan se había relacionado con feligreses no tan afortunados como sus amistades. Desde siempre había colaborado con la parroquia, con las escuelas misionales o los proyectos de carácter solidario que desarrollaba el Oratorio y, por ello, cuando comenzó a desempeñar su nuevo cargo, no tuvo problemas en integrarse con los fieles. No hay que olvidar, en todo caso, que, como se señalaba anteriormente, su papel era más complejo de lo que podría parecer pues aquéllos que estaban a su cargo, precisamente por su condición de católicos, iban en contra de la inercia general. De entre ellos, los que sufrían peores padecimientos eran aquellos que se convertían desde las creencias protestantes, ya que debían superar su particular travesía del desierto.

Fue en estas circunstancias en las que Morgan conoció a una familia formada por una joven viuda, llamada Mabel Tolkien, que tenía dos hijos pequeños, de ocho y seis años por aquella época: Ronald y Hilary. El marido de Mabel, de soltera Suffield, llamado Arthur, era gerente de una sucursal bancaria en el sur de África y había muerto repentinamente mientras ella y los niños pasaban una temporada en Inglaterra. La viuda y sus hijos quedaron en una situación delicada en el terreno económico, aunque sus auténticas complicaciones las generaron las discrepancias religiosas con la familia.

Las familias Suffield y Tolkien componían una amalgama de creencias protestantes en las que se mezclaban baptistas, metodistas convertidos a unitarios y anglicanos fuertemente vinculados con su comunidad. Ninguno de sus parientes pertenecía o había pertenecido, al menos en varios siglos, a la Iglesia Católica Romana. En este contexto, la conversión de Mabel y de sus hijos a mediados del año 1900 supuso un auténtico terremoto familiar.

Las presiones comenzaron de inmediato. Su hermana May, que se había atrevido a dar este paso junto a Mabel, hubo de volverse atrás en su decisión debido a la prohibición expresa de su marido de que volviera a entrar en una iglesia católica. Por otro lado, tanto abuelos como tíos rechazaron de plano la conversión y comenzaron una campaña de coacción para que diera marcha atrás, marcada por la marginación y el cese de ayuda económica. Lejos de amilanarse, Mabel Tolkien siguió fiel a la resolución que había tomado.

A principios de 1902 se trasladó con sus hijos a una modesta casa cercana al Oratorio en Oliver Road. Antes habían vivido cuatro años en el campo, en Sarehole, una aldea cercana a Birmingham, y posteriormente de forma breve en los suburbios de Moseley y King's Head. La ayuda que Mabel recibió del Oratorio, especialmente por parte del Padre Morgan, cuyas visitas pronto se convirtieron en habituales en Oliver Road, resultó fundamental en muchos aspectos. Allí finalmente encontró un lugar donde poder integrarse después de haber sido dejada de lado por prácticamente todos sus parientes. Existen varios motivos que podrían explicar la sintonía que se estableció entre ellos. Seguramente uno de los más importantes vendría dado por el hecho de que el Padre Morgan, que curiosamente tenía la misma edad que el difunto Arthur Tolkien, sentía un gran cariño por los niños y la imagen de los jóvenes Tolkien en la difícil situación en la que se veían debido a las discrepancias religiosas debió apenarle en gran medida.

Los dos chicos habían sido educados por su madre y, desde que tuvo la edad adecuada, el mayor de ellos, Ronald, acudía a la prestigiosa y costosa King Edward's School, en pleno centro de Birmingham. Debido a las dificultades de Mabel para hacer frente a los gastos de la escuela, Ronald acudió a la escuela St Philip's Grammar School[2] durante un muy breve periodo (gracias a las gestiones del Padre Morgan que le consiguió una plaza) aunque pudo volver a la King Edward's School al poco tiempo de haberla abandonado, al obtener una beca.

En realidad, tanto los Tolkien como los Suffield eran familias que habían gozado en una época pasada de una situación acomodada a la sombra del desarrollo industrial que se había producido en el área de Birmingham durante el siglo XIX. Sin llegar a formar parte del privilegiado círculo social en el que se movían los familiares y muchas de las amistades de Morgan,

---

2. Aunque vinculada al Oratorio, esta escuela no debe confundirse con la escuela del Oratorio.

sería faltar a la verdad considerarlas como familias de clase baja.

Los Tolkien habían mantenido largos años una empresa familiar cuyos beneficios habían propiciado que Arthur Tolkien, el difunto marido de Mabel, hubiera estudiado en la King Edward's School sin tener que padecer las estrecheces a las que se vieron obligados sus hijos para hacerlo. Sin embargo, su quiebra había sido la causante de que tuviera que buscar fortuna, lo que le condujo a África donde había fallecido de enfermedad. Por su parte, los Suffield habían regentado una importante tienda de paños que en su época más boyante les había permitido poder ofrecerles a sus hijos e hijas una esmerada educación, lo que, por ejemplo, posibilitó a Mabel instruir por sí misma a los suyos. Sin embargo, los Suffield también debieron afrontar graves problemas económicos y tuvieron que abandonar su antaño próspero negocio.

Pese a no gozar de una situación financiera tan desahogada como en el pasado, la ayuda de ambas familias hubiera resultado muy valiosa para auxiliar a la joven viuda y a sus dos hijos. Sin embargo, tras su conversión los apoyos económicos que obtuvieron fueron mínimos y, en cualquier caso, las diferencias religiosas provocaron una separación con ambas familias que tuvo como consecuencia que el Oratorio se convirtiera en un punto de encuentro para ellos. Además de su templo, era un lugar donde los niños acudían y podían obtener cariño y calor, al alternar con otros miembros de la parroquia y con los sacerdotes de la Comunidad. A Ronald, por ejemplo, uno de los sacerdotes jóvenes le enseñó a finales de 1903 a jugar al ajedrez. En Navidad de ese mismo año tomó su Primera Comunión.

Al poco tiempo los acontecimientos se precipitaron de manera desgraciada y el año 1904 fue en todos los sentidos un año triste. Ya a finales del año anterior Mabel había estado enferma sin que se acertara a determinar su dolencia, pero fue a principios de 1904 cuando se le diagnosticó diabetes. En aquella época no existía tratamiento para esta enfermedad por lo que no se la podía combatir. A consecuencia de ello, la familia se disgregó temporalmente, abandonaron la casa de Oliver Road y, mientras Mabel convalecía en el hospital, los niños fueron enviados con unos parientes.[3]

Hacia el verano se había repuesto ligeramente y reunió de nuevo a sus hijos. La familia volvió a estar junta otra vez, aunque de la ciudad se trasladaron al campo, a un alojamiento que les había gestionado el Padre Morgan. Otra vez había intercedido por ellos, y había hecho las gestiones necesarias y llegado a un arreglo para que pudieran vivir en un lugar agradable y tranquilo, ideal para la recuperación de Mabel: Rednal, al suroeste de Birmingham. Allí, al pie de las Colinas Lickey, a algo más de diez kilómetros del Oratorio,

---

3. Resulta tristemente curioso que Mabel padeciera una enfermedad corriente entre la familia del Padre Morgan, pues parece seguro que al menos su bisabuelo Juan Nicolás (quien es altamente probable que muriera a consecuencia de esta afección) y su tía abuela Cecilia la sufrían.

la Comunidad poseía una propiedad en la que se levantaba una casa que les servía de retiro y que albergaba una pequeña capilla. Junto a ella, se encontraba el cementerio de la Comunidad, en el que estaban enterrados los miembros difuntos de la misma, entre los que se contaba el propio Cardenal Newman. Esta propiedad había sido adquirida a mediados del siglo XIX gracias a los donativos recibidos de la comunidad católica de Nueva York.

Era bastante frecuente que Morgan acudiera allí durante sus vacaciones, aunque fuera sólo durante unos pocos días. De hecho, su imagen en el patio de la casa del Oratorio, con sus paredes cubiertas de hiedra, ha quedado para la posteridad en una de las escasas fotografías que se conservan de él. Además, tenía allí un *terrier* irlandés al que llamaba Lord Roberts, en homenaje al Mariscal de Campo Frederick Sleigh Roberts militar anglo-irlandés, uno de los más prestigiosos de la era Victoriana, liberador precisamente de Bloemfontein[4] durante la Guerra de los Boers.

Cerca de la propiedad del Oratorio había una casa de campo, que pertenecía a unos vecinos del lugar. El arreglo consistía en que ellos les alquilarían unas habitaciones a los Tolkien y la señora de la casa se encargaría de las tareas domésticas, tales como la limpieza o la preparación de las comidas. Se trataba de una vida sencilla en la que los niños disfrutaban del campo y su madre se reponía en un ambiente saludable.

Los domingos acudían a Misa junto a los guardeses del retiro de los Padres del Oratorio a la cercana población de Bromsgrove. Se trataba de un anciano matrimonio, Mr. y Mrs. Church que se mostraban muy cariñosos con los niños. Él era un veterano de la guerra de Crimea y ella les preparaba un delicioso *damson cheese* (una confitura solida a base de ciruela damascena y azúcar, similar a un membrillo, que se combina con queso), que dejó un imborrable recuerdo en Hilary Tolkien quien, años después, comentó que era el mejor que había probado nunca y que esperaba que ella continuara preparándolo para los ángeles en el cielo.[5]

El verano resultó agradable especialmente para los chicos, por entonces con doce y diez años respectivamente, en un entorno completamente opuesto al de la ciudad en el que habían vivido los últimos años, y las colinas y bosques cercanos resultaron ideales para sus juegos. De hecho, pasaban gran parte de su tiempo subiendo a los árboles, en particular a un sicomoro cercano compitiendo con las ardillas para recolectar y comerse sus frutos. Durante este periodo el Padre Francis Morgan les hacía muchas visitas. No era raro verle jugar con los niños y ayudarles a hacer volar sus cometas y, en la cordial complicidad de aquel pacífico escenario, pudieron descubrir una faceta desconocida en él, una afición oculta que practicaba en escasas

---

4. Precisamente la ciudad donde nacieron los hermanos Tolkien.
5. Hilary Tolkien, *Black and White Ogre Country: The Lost Tales of Hilary Tolkien*, ADC Publications Ltd, Moreton-in-Marsh, 2009, p. 26.

ocasiones: fumar en pipa. Parece ser que sólo en Rednal se autoconcedía el permiso de fumar para lo que utilizaba una gran pipa de madera de cerezo. La imagen fascinó a Ronald Tolkien, quien confesó años más tarde que éste pudo ser el origen de su propia afición a fumar en pipa.[6]

No obstante, en algunas ocasiones sus obligaciones le impedían acudir a Rednal, lo que no gustaba al joven Ronald Tolkien que decidió escribirle una postal en clave manifestándole su descontento. Se trataba de una especie de criptograma formado por sencillos dibujos, letras y números. Esta carta, fechada el 4 de agosto de 1904 se conserva en la Bodleian Library, aunque ha sido publicada separadamente en dos fragmentos.[7]

Es posible descifrar el mensaje empleando la imaginación. Por ejemplo, la dirección está representada por un dibujo de un bosque, la letra "S", un ojo y "500 E". En la siguiente línea hay un dibujo de una casa de campo seguido por "N A 50" en rojo. Así, interpretando los números como números romanos (500 = D y 50 = L), el bosque como "wood", el ojo como "I" (ya que ojo en inglés, eye, se parece fonéticamente), la casa de campo como "cottage" y usando el color rojo de "N A 50" como un adjetivo quedaría: WOOD S I D E - COTTAGE - RED N A L.

El mensaje completo podría ser similar al siguiente:

Woodside Cottage. Rednal

Mi querida ave nocturna, Padre Francis, usted es demasiado malo por no haber venido, en lugar del Padre Denis[8]. Lamento que no le gustara la palabra 'piano' en mi última carta pues yo le envío unos dibujos. Hemos encontrado dos bonitos paseos para llevarle cuando venga a tomar el té, esperemos que pronto. Suyo, Ronald.

Después de los pictogramas se incluye también un texto, una especie de poema de difícil traducción al español y sin demasiado sentido:

Había un viejo sacerdote llamado Francis
Quien era tan aficionado a las danzas del ¿pañuelo?
Que esperó sin acostarse hasta demasiado tarde
Y le preocupaba su coronilla
adaptando estas cabriolas afrancesadas
(Esto es el pago por no venir,

---

6. Humphrey Carpenter, *J.R.R Tolkien. Una biografía*, Editorial Minotauro, Barcelona, 1990, p. 41.
7. La parte frontal ha sido reproducida en Judith Priestman, *J.R.R. Tolkien: Life and Legend: An Exhibition to Commemorate the Centenary of the Birth of J.R.R. Tolkien (1892-1973)*, Bodleian Library, Oxford, 1992, p. 17, y el reverso en John and Priscilla Tolkien, *The Tolkien Family Album*, Houghton Mifflin, Boston, p. 22.
8. Padre Denis Sheil (1865-1962). Citado en capítulos anteriores.

y enviar Padre Edmund[9] en su lugar).[10]

Tanto el mensaje codificado como el poema, proporcionan información significativa sobre el incipiente talento de Ronald Tolkien para jugar con palabras e inventar alfabetos, pero indican también la cercanía de Morgan con los chicos y la cordial complicidad entre ellos que nos lleva a imaginar peripecias veraniegas y muchos momentos felices.

La estancia de los Tolkien en Rednal se prolongó más allá del final del verano. Lamentablemente, a medida que el invierno avanzaba, la salud de Mabel empeoraba de manera inexorable. Sus hijos, apenas unos niños, seguramente no se daban demasiada cuenta de ello. El Padre Morgan era necesariamente consciente del deterioro de su estado y para él debieron ser días angustiosos y preocupados, pues ella había decidido que a su muerte él sería el encargado de velar por sus hijos y le iba a otorgar su tutela hasta que alcanzaran la mayoría de edad.

En noviembre, tras un coma diabético que duró seis días, Mabel Tolkien moría en Rednal. Sólo dos personas la acompañaban: su hermana May y el que en adelante habría de ejercer como tutor de sus hijos, el Padre Francis Morgan.

Mabel fue enterrada en Bromsgrove, que contaba con un cementerio católico. Morgan se ocupó de los detalles y colocó sobre su tumba una cruz celta de piedra, similar a la que tenían los sacerdotes en el cementerio del Oratorio. Fue, probablemente, la primera de las obligaciones que debió asumir en su misión de velar por los chicos.

---

9. Padre Edmund T. Hodgson. Nacido en 1876.
10. En el original: *There was an old priest named Francis/Who was so fond of "cheefongy" dances/That he sat up too late/And worried his pate/Arranging these Frenchified Prances/(This is to pay you out for not coming,/and sending Father Edmund instead)*. Se han obtenido valiosas informaciones referidas a la interpretación de esta carta codificada en los foros del sitio web: The Hall of Fire <http://www.thehalloffire.net/forum/viewtopic.php?t=12> [Consultado el 12 de diciembre de 2017].

La nueva vida

En su testamento Mabel Tolkien les legaba a sus hijos una modesta cantidad económica, en forma de acciones, y los dejaba bajo la protección del Padre Francis Morgan, quien había demostrado sobradamente su fidelidad y el gran cariño que tenía por los chicos. En esta decisión también había un componente práctico ya que, de no haber obrado de esta forma, habrían sido acogidos por sus familiares y es seguro que habrían sido forzados a abandonar la fe católica.

Para los temas legales hubo de consultar con Arthur J. O'Connor un abogado católico que había realizado sus primeros estudios en la escuela del Oratorio y que para marzo de 1905 ya había conseguido que se le otorgaran los poderes para administrar las acciones de los Tolkien, sus únicas posesiones. El valor de las acciones no era demasiado sustancial ni parecía que fuese a mejorar, lo que provocó, contrariamente a lo que se podía pensar, que la elección de Mabel al escoger a Morgan como tutor de sus hijos llevara asociadas ventajas añadidas para ellos, que se beneficiaron de su generosidad y capacidad económica. El hecho es que como los oratorianos no estaban obligados a renunciar a sus bienes, o a cederlos a la Comunidad, una de sus primeras acciones fue engrosar en secreto la suma recibida por los huérfanos con fondos procedentes de su propio patrimonio.

Otro asunto que debió afrontar fue el del alojamiento de los chicos. No podían vivir con sus parientes porque esto sería una forma velada de otorgarles su custodia, y condenarlos a renunciar a su fe, y tampoco podían vivir ni en el Oratorio ni en la escuela, ya que, además de que no eran alumnos, el número de camas y habitaciones disponibles era mínimo. La solución llegó a través de Beatrice Suffield, de soltera Barlett, que acababa de enviudar de William, uno de los hermanos pequeños de Mabel (curiosamente ambos hermanos habían muerto en 1904). Tía Beatrice vivía a escasa distancia del Oratorio, en una casa en Stirling Road, una calle a la que se llega desde el Oratorio recorriendo apenas doscientos metros por Waterworks Road, la calle sobre la que se erigen las famosas *torres gemelas* de Birmingham (una de ellas es la afamada construcción conocida como Perrott's Folly) y que presuntamente inspiraron a Tolkien para sus "Dos Torres".

Beatrice no era reacia a que los niños vivieran con ella y mantuvieran su religión, aunque a cambio exigía un pago mensual de cuatro libras y dieciséis peniques, al margen de otros desembolsos que Morgan debió asumir y que se prolongaron más allá de la estancia de los chicos en su casa. Su tía habilitó para ellos una habitación en el piso superior de su casa, aunque la mayor parte de su tiempo, aparte del que pasaban en la escuela, transcurría en el Oratorio. Por ejemplo, por las mañanas se turnaban en ayudar en misa como monaguillos al Padre Morgan, quien solía oficiarla en el Altar de Nuestra Señora. A continuación, desayunaban en el refectorio y jugaban con el gato que vivía en la cocina del Oratorio antes de ir a la escuela. También participaban en actividades parroquiales y queda constancia de su implicación en *The Parish Magazine*:

> Se han constituido tres patrullas de exploradores dirigidas por los hermanos Tolkien que marcharon el lunes de Pascua al modo de la *Boy's Brigade*[1]. Cuando hayan entrenado un poco más pediremos a algunos de nuestros amigos que les ayuden y les proporcionen ropa, mochilas, etc.[2]

Hilary acudía igualmente a la King Edward's School, pues también había logrado una beca, por lo que ambos hermanos realizaban el trayecto juntos. En otras circunstancias hubiera sido lógico que a los chicos se les hubiera hecho renunciar a su escuela y se les hubiera forzado a acudir a la del Oratorio o a la St. Philip's Grammar School, algo mucho más práctico en muchos sentidos. Sin embargo, la inteligente decisión de Morgan de anteponer la educación de los dos hermanos a otros criterios (la King Edward's School era la mejor escuela de la ciudad y una de las mejores del país) demostró ser extremadamente acertada. Tolkien lo recordaba así:

> El Padre Francis obtuvo permiso para que mantuviera mi beca en la King Edward School y continuara allí. Por ello tenía la ventaja de una (por entonces) escuela de primera categoría y la de un 'buen hogar católico'.[3]

En la escuela, los Tolkien pudieron alternar con jóvenes de excelentes familias y de religiones diferentes. Ronald cultivó un círculo de amistades con los que compartiría estudios posteriores en la universidad y penurias durante la Primera Guerra Mundial. Entre ellos se encontraba Christopher Wiseman, a quien el Padre Morgan solía llamar "el nieto del *papa de los wesleyanos*"[4], porque su abuelo Frederick Wiseman era el presidente de la Conferencia Metodista Wesleyana.

---

1. *Boy's Brigade* fue el primer movimiento juvenil uniformado en el mundo fundado en Escocia en 1883 entre cuyos intereses se encuentra el ejercicio al aire libre.
2. 'John Ronald Reuel Tolkien (1892-1973)' *Oratory Parish Magazine, Mayo 1909*, Oratorio de Birmingham, <http://www.birminghamoratory.org.uk/about-the-oratory/tolkein-the-oratory> [Consultado el 12 de diciembre de 2017].
3. Humphrey Carpenter, (ed.), *Cartas de J.R.R Tolkien*, Editorial Minotauro, Barcelona, 1993, Carta 306, p. 457.
4. Op. cit.

Otro hecho importante que coincidió con el tutelado de los Tolkien fueron las obras y posterior inauguración de la nueva iglesia del Oratorio. Desde hacía muchos años se pretendía sustituir la modesta iglesia por un templo en la línea de una basílica, en concordancia a la importancia de la Comunidad y como memorial a la figura de su fundador, el Cardenal Newman. La edificación de la nueva iglesia no estuvo exenta de polémica en su principio, aunque finalmente se llevó a cabo de forma muy satisfactoria. El entorno del Oratorio tuvo ocasión de asombrarse del modo en que se realizaron las labores de construcción, pues la estructura de la nueva iglesia se erigió alrededor de la de la antigua, de forma que la capilla primitiva pudo permanecer en uso gran parte del tiempo de las obras. La inauguración definitiva tuvo lugar en 1909, coincidiendo con el aniversario de la escuela y del nombramiento de Newman como cardenal.

Para la nueva iglesia se adquirieron varios confesionarios bellamente decorados. Cada uno de ellos había sido fabricado en un país diferente: España, Italia, Alemania, Bélgica e Inglaterra. A Francis Morgan se le asignó, como no podía ser de otra manera, el confesionario español, y en él ejerció su tarea largos años. Es importante señalar que en aquella época las confesiones se producían en mucho mayor número que en la actualidad, lo que significaba que esta labor podía ocupar largos periodos de tiempo. También debe destacarse que sólo los sacerdotes con preparación y formación teológica podían desempeñar esta tarea (de hecho, no todos los miembros de la Comunidad del Oratorio estaban capacitados), lo que viene a indicar que Francis Morgan disponía de una preparación intelectual en absoluto desdeñable.

La vida cotidiana del Padre Morgan, una vez asumida la tutela de los Tolkien, sufrió algunos cambios. Su habitación, generalmente concurrida, lo fue más que nunca ya que los libros que en ella se guardaban atraían poderosamente a sus protegidos, en especial al mayor, pese a que la gran mayoría de ellos estaban en castellano. Esto, en lugar de convertirse en un obstáculo, sirvió para que Ronald desarrollara un notable deleite por esta lengua:

> El español era otro [idioma que me producía satisfacción estética]: Mi tutor era medio español y en mi adolescencia temprana acostumbraba a birlarle sus libros y trataba de aprenderlo: la única lengua romance que me proporciona el placer particular del que estoy hablando.[5]

Priscilla Tolkien confirma este hecho y sostiene que:

> El gran interés de mi padre por el español debió originarse en buena medida

---
5. Op. cit. [3], Carta 163, p. 252.

gracias a su cercana conexión con el Padre Francis.[6]

El interés en esta lengua se mantuvo vivo en Tolkien[7] a través de los años.[8] En 1967 respondió a una oferta de traducir *El Señor de los Anillos* por parte de un sacerdote canadiense llamado David L. Sands, y comentó:

> Tengo algún conocimiento de la lengua española de ambos lados del Atlántico y la encuentro, especialmente la variedad europea, extremadamente atractiva.[9]

Tolkien tuvo desde muy temprana edad la afición de inventar idiomas y, aunque Morgan nunca llegó a enseñarle el castellano, encontró en esta lengua un punto de partida para la creación de un lenguaje imaginario: el *Naffarin*. Poco se sabe de él, ya que abandonó su desarrollo al poco tiempo de concebirlo y solamente se conoce sobre él lo que el propio Tolkien explica en un ensayo de 1931 acerca de su pasatiempo de inventar idiomas privados, titulado *Un vicio secreto*.

Únicamente se conserva un poema de cuatro líneas, que conforma una frase en *Naffarin*:

> O Naffarínos cutá vu navru cangor
> luttos ca vúna tiéranar,
> dana maga tíer ce vru encá vún' farta
> once ya merúta vúna maxt' amámen.[10]

Ha habido muchos intentos de traducir estas palabras, incluso tratando de relacionarlas con las lenguas élficas desarrolladas años después por Tolkien. Entre ellos sobresale el de Christopher Gilson[11] quien, especulando sobre la inspiración en el español y el latín de esta lengua, ha elaborado una

---

6. Carta remitida al autor.
7. En adelante el protagonismo de la obra va a recaer fundamentalmente sólo en uno de los hermanos Tolkien, John *Ronald* Reuel Tolkien, el que con el tiempo se convertirá en afamado autor. Por ello las referencias que a partir de ahora se hagan a 'Tolkien' se referirán a él y no a su hermano Hilary, que cuando sea citado lo será nombrándolo expresamente con nombre y apellido.
8. De hecho, cuando a mediados de los sesenta recibió una copia de la primera traducción de sus obras al español, una edición argentina de *El Hobbit*, Tolkien escribió en dicho ejemplar una dedicatoria en castellano a su esposa: "Para Edita querida". Este libro fue regalado en 1973 a un sacerdote español llamado Antonio Quevedo por el Padre John Tolkien, el hijo mayor del autor, en agradecimiento a su ayuda sustituyéndole en la parroquia mientras asistía al funeral de su padre.
9. Eduardo Segura. "Spanish Language" en Michael Drout (ed.), *The J. R. R. Tolkien Encyclopedia: Scholarship and Critical Assessment*, Routledge, New York, 2006, p. 624.
10. J.R.R. Tolkien, *Los monstruos y los críticos y otros ensayos*, Editorial Minotauro, Barcelona, 1998, p. 209.
11. Christopher Gilson es miembro de Elvish Linguistic Fellowship, una organización internacional interesada en el estudio académico de los lenguajes inventados por J.R.R. Tolkien, y editor jefe de la revista *Parma Eldalamberon*, dedicada a este tema.

traducción plausible:[12]

> Los Naffarínos recitan eternamente la poesía compuesta aquí en su propia tierra, esa gran tierra, que siempre llamaste hogar y ahora merece tu amor creciente.

Si nos centramos en los libros del Padre Morgan cabe decir que se han perdido hace muchos años, si bien, algunos ejemplares reaparecen ocasionalmente en los más sorprendentes lugares.[13] En cualquier caso, son fácilmente identificables por su *ex libris*, formado por el escudo de armas personal de Morgan con su lema, su nombre en latín, *Franciscus Morgan et Osborne*, y una indicación a su congregación oratoriana.

Un ciervo y un grifo aparecen encima del blasón, formado por la unión de dos escudos. El de la derecha representa la rama Morgan de la familia con un grifo rampante, y el de la izquierda a la rama Osborne, con una cruz que lo divide en cuatro zonas rectangulares (la primera y la cuarta decoradas y la segunda y tercera en blanco) en una de las variantes del escudo utilizada para este apellido, aunque en España la familia empleó otra. El lema es una cita del poeta romano Ovidio: "UT AMERIS AMABILIS ESTO" que significa "Se amable para ser amado", ciertamente una declaración explícita de principios.

En cuanto a los temas y géneros de la colección privada de libros de Morgan, al margen de obras de tipo religioso, seguramente podrían encontrase allí libros escritos por sus ilustres antepasados, así como clásicos de la literatura castellana, probablemente del Siglo de Oro, si nos dejamos llevar por la influencia intelectual que debió dejar en toda su familia la labor bibliófila sobre este periodo del bisabuelo Juan Nicolás Böhl de Faber.

En todo caso, el joven Tolkien tuvo que estar familiarizado con la cultura española, ya que, además de lo que pudiera obtener de los libros, se sabe que solía pedirle al Padre Morgan que le contara cosas de España,[14] lo que sin duda debió de ser un entretenimiento para muchas largas tardes dominicales. Si se tiene en cuenta este hecho se abre una interesante línea de especulación sobre una desconocida influencia en la obra de Tolkien y que, puede aventurarse, le sirvió de inspiración para alguno de los pasajes y

---

12. Su razonamiento detallado sólo está disponible, hasta donde conozco, en un post publicado en una lista de correo especializada, y disponible en <https://groups.yahoo.com/neo/groups/%20lambengolmor/conversations/topics/492> [Consultado el 12 de diciembre de 2017].
13. Como se ha dicho, a lo largo de los años los libros de Morgan se han perdido, mezclado, destruido o vendido para caridad. Sin embargo, en 2011 un joven australiano llamado Robert Hiini anunció el descubrimiento de uno de esos libros en la sección de gangas de un anticuario en Rockingham, una ciudad de Australia occidental al sudoeste de Perth (a unos 15.000 kilómetros de Birmingham). Se trata de *Nova et Vetera* de George Tyrrell, y además de tener su ex libris está firmado por Francis Morgan y fechado en 1907.
14. Daniel Grotta, *Tolkien, Arquitecto de la Tierra Media*, Editorial Planeta, Barcelona, 1982. p.36.

escenarios de sus escritos posteriores.

Pero por encima de estos temas, hasta cierto punto anecdóticos, si algo debe destacarse a nivel intelectual durante su periodo formativo de Tolkien siendo protegido del Padre Morgan, es el desarrollo de su propia visión religiosa basada tanto en el sólido aporte de erudición que recibió por su contacto con el Oratorio como en las circunstancias de la época.

De hecho, estos años vinieron a coincidir con el pontificado del Papa Pio X (1903-1914) un periodo muy importante para la Iglesia Católica porque se definió su posición directamente opuesta al creciente espíritu secular de la sociedad de la época, que fue definido por Pío X en su encíclica *Pascendi Dominici gregis* (1907) como *modernismo teológico*. El Papa indicaba que seguir o implementar reinterpretaciones agnósticas, inmanentistas o evolucionistas de la doctrina católica era un ataque contra la fe y, por lo tanto, contra los fundamentos de la Iglesia.

Tolkien señaló más tarde:

> Supongo que la mayor reforma de nuestro tiempo fue la llevada a cabo por San Pio X: que sobrepasa cualquier cosa, por necesaria que fuese, que el Concilio [Vaticano Segundo] lograse.[15]

El hecho es que diversos críticos señalan la similitud entre el espíritu de Pío X y los fundamentos morales que impregnan las historias de Tolkien:

> Como católico intelectualmente sofisticado y ortodoxo, Tolkien también reflejó en su madurez los principios de la Iglesia de inicios del siglo XX. *El Silmarillion*, *El Hobbit* y *El Señor de los Anillos* presentan paralelismos con la retórica anti-modernista de la *Pascendi Dominici* gregis en su afirmación de la veracidad de las historias antiguas, la sospecha sobre la crítica histórica, con su glamour de intelectualismo, y su condena de una herramienta que es demasiado peligrosa para ser usada.[16]

No es por tanto atrevido pensar que el posicionamiento de Pío X debió de ser recalcado en Tolkien por factores adicionales pues aunque en un principio se levantó una cierta polémica sobre la armonía entre las ideas del Papa y el pensamiento del Cardenal Newman, que el mismo Pío X se afanó en aclarar[17], precisamente encontramos en el Oratorio una figura prominente

---

15. Op. cit. [3], Carta 250, p. 393. Carpenter, el recopilador de las cartas de Tolkien, interpreta la referencia a *la mayor reforma de nuestro tiempo* como una posible alusión a la recomendación de Pío X a la comunión diaria y a la comunión de los niños. Sin embargo, Tolkien también puede referirse a todas las acciones que el Papa instó contra el modernismo y su posible peligro en relación con la filosofía, la apologética, la exégesis, la historia, la liturgia y la disciplina.
16. A. R. Bossert, ""Surely You Don't Disbelieve": Tolkien and Pius X: Anti-Modernism in Middle-earth." *Mythlore* 25:1-2 (Otoño-Invierno 2006), p. 53.
17. Por parte del Oratorio, su superior, el Padre John Norris, escribió una carta al Times de Londres el 4 de noviembre de 1907 señalando que la máxima autoridad les había indicado que la doctrina y el espíritu

cuya estrecha relación con las autoridades vaticanas de la época aumentaría el impacto del mensaje pastoral Pío X entre aquellos vinculados al mismo. Se trata del Padre Denis Sheil, el mejor amigo, confidente y corresponsal del influyente Cardenal Merry del Val y de Zulueta, Secretario de Estado vaticano y mano derecha de Pío X.

Denis Sheil es el mismo sacerdote nombrado en una de las postales en clave escritas por Tolkien en Rednal durante el verano de 1904, en la que simplemente se refiere a él como Padre Denis. Sheil había nacido en Dublín en 1865 y era el menor de los hijos del General Justin Sheil. Formado en la escuela del Oratorio completó sus estudios en Roma y regreso al Oratorio en 1890 para iniciar su noviciado, siendo el último de los novicios recibidos por el propio Cardenal Newman que murió al poco de su llegada. En Roma había compartido su formación con el futuro Cardenal Merry del Val, que era de su misma edad, y allí desarrollaron una profunda amistad. Además, ambos estaban emparentados remotamente pues una hermana del Padre Denis era tía de Merry del Val.

Tampoco el Padre Morgan debió resultar ajeno a esta cuestión pues además de que la Comunidad era pequeña, éste fue un tema teológicamente relevante.[18] Por otro lado, es más que probable que él también tuviera contacto con el Cardenal Merry del Val. Ante todo ambos eran anglo-españoles y sus familias se habían movido en los mismos círculos, pues sin ir más lejos, el padre del Cardenal ejerció como agregado en la embajada española en Londres. Por otro lado, por parte de su madre, Sofía de Zulueta, procedía de una familia de origen vasco ennoblecida (Condes de Torre Díaz) que habían establecido sus sedes comerciales en Cádiz y Londres desde principios del siglo XIX.[19]

Volviendo a cuestiones más personales, desde que el Padre Morgan asumió la responsabilidad de cuidar a los hermanos Tolkien, acostumbraba a viajar con ellos e incluso se los llevaba de vacaciones. Las visitas a Rednal continuaron y, en ocasiones, los tres se trasladaban hasta el retiro de los sacerdotes y los muchachos tenían, de este modo, la ocasión de escapar al

---

de las enseñanzas católicas de Newman no chocaban con la encíclica papal sino que, por el contrario, lo que se censuraba eran las ideas de aquellos que equivocadamente buscaban refugio detrás de un gran nombre. Estos reproches podrían ser aplicables, por ejemplo, a uno de los más destacados teólogos modernistas de aquel periodo, el jesuita George Tyrrell, quien se convirtió al catolicismo inspirado por las ideas del Cardenal Newman pero cuyas declaradas discrepancias con Pío X llevaron a que finalmente fuera excomulgado en 1907.

18. Curiosamente, el libro encontrado en Australia perteneciente a la colección de Morgan es obra del anteriormente citado George Tyrrell.

19. Además de ser banqueros, y de sus actividades comerciales vinculadas a la exportación, otra de sus líneas de negocio estaba relacionada con temas navieros, de modo que, por ejemplo, se les concedió en 1840 la primera concesión de transbordadores de línea regular entre Cádiz y El Puerto de Santa María. Igualmente el abuelo del Cardenal se casó con la hija del fundador de la importantísima compañía naviera P&O (la que solía usar Morgan para viajar a España) y la dirección del negocio quedó también en la familia.

campo y recuperar, aunque fuera por poco tiempo, momentos del pasado. Igualmente Ronald acudiría a Rednal, tiempo después, para preparar los exámenes que le darían acceso a una beca en Oxford.

Sin embargo, los viajes que realizaban los tres juntos tenían como destino lugares mucho más lejanos. Según Daniel Grotta, uno de los biógrafos de Tolkien[20], al poco de la muerte de Mabel Tolkien, les llevó a pasar quince días de vacaciones a Gales, lo que despertó en Ronald el inicio de una profunda pasión por la lengua galesa, cuya extraña ortografía se dejaba ver en los letreros de las estaciones por las que pasaban. En realidad Tolkien había descubierto el idioma galés tiempo antes, mientras vivía con su madre en King's Heath, cerca de una estación a la que solían llegar vagones con carbón procedentes de Gales. En lo que nos ocupa, la existencia de este viaje indica una relación de Morgan con sus antecedentes galeses, aunque lamentablemente no se conoce si el fin del viaje era puramente de recreo o por otros motivos.

Los viajes que están verdaderamente contrastados y documentados son los que tutor y protegidos solían hacer a la costa sur de Inglaterra durante los veranos, en especial a Lyme Regis en Dorset. Se trataba de un lugar que gustaba mucho a Francis Morgan y en el que acostumbraba a pasar no pocas de sus vacaciones veraniegas, en las ocasiones en que no viajaba a España.[21] El entorno y los paisajes de Lyme Regis son ciertamente espectaculares. La escritora Deborah Cadbury los describe así:

> Los acantilados se alzan airosos por encima del paisaje circundante. La ciudad se aferra a la costa y queda al abrigo de una colina que la protege del viento del suroeste. Hacia el oeste, el puerto permanece resguardado por el Cobb, un largo y curvilíneo espigón que se adentra en el canal de la Mancha... las olas rompen sin tregua a lo largo de su agreste perímetro. Hacia el este, la frontera establecida por el cementerio se ciñe a los desintegrados acantilados de Church, las tumbas sepultadas por el liquen sobresalen en dirección al cielo formando complicados ángulos. Y debajo se alza la cara oscura e impresionante del despeñadero Black Ven, eternamente salpicado por la espuma del mar.[22]

Conocida como la 'Perla' de Dorset, Lyme Regis se convirtió en un popular centro turístico en el periodo que coincidió con las guerras napoleónicas. En esa época la alta burguesía inglesa no podía desplazarse al

---

20. En términos generales, el trabajo de Grotta está repleto de errores, pero ciertamente él fue el primer biógrafo de Tolkien y, a diferencia de otros investigadores posteriores, pudo tratar directamente con personas luego desaparecidas que le proporcionaron testimonios de primera mano.
21. El vínculo de Morgan con el suroeste de Inglaterra es notable. En primer lugar, la familia de su abuelo materno procedía de Paignton (Devon) y, por otro lado, se sabe que visitó Lynton (Devon) por lo menos en 1890 y Lyme Regis (Dorset) repetidamente.
22. Deborah Cadbury, *Los Cazadores de Dinosaurios*, Ediciones Península, Barcelona, 2002, p. 13.

continente, por lo que debieron adoptar nuevos hábitos en lo relativo a sus lugares de recreo. Muchos de ellos, que pasaban largos periodos en Bath, tomaron por costumbre desplazarse desde allí a esta parte de la costa de Dorset, en la que disfrutaban del agreste paisaje y del encanto de la pequeña y coqueta ciudad, con sus empinadas calles que conducían inexorablemente hacia el mar. Entre sus más famosas visitantes se encuentra la escritora Jane Austen que usó los escenarios de la ciudad para ambientar varias de sus novelas.

Lyme Regis posee además una merecida celebridad como lugar especialmente propicio para el hallazgo de fósiles y restos prehistóricos, y una de sus hijas más célebres es Anne Manning que vivió allí durante el siglo XIX y a la que le cabe el honor de haber sido la descubridora de varias criaturas surgidas del más remoto pasado de nuestro planeta.

Los tres viajeros llegados desde Birmingham se alojaban en el Three Cups Hotel, en Broad Street, la calle principal del centro de la ciudad, y que desembocaba en el mar. Desde el mirador del hotel se tenía una hermosa vista y Ronald Tolkien, con catorce años, pintó en agosto de 1906 un cuadro que representaba el puerto de Lyme Regis. Las actividades que se podían llevar a cabo en la ciudad eran de muy diversos tipos. Por un lado, se podía pasear por la costa o visitar el agreste entorno que rodeaba a la población. En una ocasión en 1908 se produjo un deslizamiento de tierra y muchos fósiles quedaron al descubierto, de forma que los hermanos Tolkien hallaron restos de un gran hueso de una criatura prehistórica y que al romántico Ronald le pareció un hueso de dragón petrificado.[23]

Otra de las distracciones que se les ofrecía, y de las que el Padre Morgan disfrutaba cordialmente, eran las visitas a los conocidos que tenía en la zona como los Mathew, una importante familia de origen irlandés con la que Morgan mantenía una relación de amistad a través del cabeza de familia Francis James Mathew, abogado y novelista casado con Agnes Elizabeth Ann (hija del importante político James Tisdall Woodroffe) que había estudiado junto a sus primos Theobald y Charles James en la escuela del Oratorio de Birmingham. Se da la circunstancia de que los tres primos eran sobrino-nietos del famoso *Apóstol de la Temperancia* Theobald Mathew.[24]

Los Mathew tenían dos hijos pequeños que luego se integrarían en la Iglesia Católica y uno de ellos, Gervase, se convertiría, años después, en un buen amigo de Ronald Tolkien. David Mathew, el mayor de ellos nacido en 1902, llegaría a ser arzobispo. Su hermano pequeño, el citado Gervase, nacido tres años después, se hizo dominico y ejerció su misión en Oxford,

---

23. Humphrey Carpenter, *J.R.R Tolkien. Una biografía,* Editorial Minotauro, Barcelona, 1990, p. 50.
24. Theobald Mathew (1790-1856). Sacerdote capuchino irlandés. Preocupado por los problemas sociales que afectaban a Irlanda, fue un destacado defensor de la abstinencia lo que le llevó a fundar una liga contra el consumo de alcohol que tuvo una gran repercusión en Irlanda, el Reino Unido y los Estados Unidos y que le convirtió en una auténtica celebridad en su época.

exactamente en Blackfriars, donde se cimentó su relación con Tolkien. De hecho, es considerado miembro de *The Inklings*, el club literario de Tolkien.

Pero lo mejor de los viajes era poder pasar unos días alejados del bullicio de la gran ciudad y disfrutar de la compañía mutua. Morgan trataba a los Tolkien como si fueran hijos suyos y se preocupaba de sus problemas en la medida que era capaz de entenderlos. En cualquier caso, su carácter perspicaz le hizo darse cuenta durante las vacaciones de 1908 de que los chicos no se sentían dichosos en casa de su tía Beatrice, pese a que no formularan quejas formales contra ella. Resultaba claro que era necesario cambiarlos de alojamiento.

Al poco de volver se produjo la mudanza. De la casa de su tía los dos hermanos pasaron a vivir con los Faulkner, unos vecinos del Oratorio, que alquilaban habitaciones. Los beneficios del cambio se hicieron evidentes enseguida y el estado de ánimo de los chicos mejoró de forma notable.

Sin embargo, este traslado ocasionaría otras complicaciones.

Un día lluvioso

Edgbaston, 1908.

Le resultaba difícil explicar la razón de que, después de tantos años, los días lluviosos como aquel le provocaran en algunas ocasiones una molesta sensación de desasosiego y de profunda melancolía. Lo curioso es que no siempre ocurría así. Por el contrario, lo más usual era que las jornadas como aquélla pasaran sin que apenas se diera cuenta de ellas.

El día había comenzado, como siempre, con la misa matinal en la que habitualmente le ayudaba uno de los hermanos Tolkien. Hoy había sido Hilary, el más joven de los dos, quien había actuado de monaguillo. La verdad es que estaba muy contento con ellos. La misión que el Espíritu Santo le había encomendado era compleja, pero el contacto con aquellos niños, que al ritmo que crecían pronto serían hombres, le resultaba, en buena medida, una bendición. Cierto es que ocuparse de ellos significaba asumir numerosas responsabilidades y tareas, pero realmente eran grandes chicos y, por otra parte, la obligación adquirida con su madre moribunda era demasiado profunda como para no tratar de ejercer sus funciones como tutor lo mejor que pudiera.

También a su padre se le había encomendado una misión similar cuando murió el abuelo, pero, en el fondo, la situación era completamente distinta. Sus tíos Tomás y Juan eran más mayores que los Tolkien y la tarea de su padre estaba más relacionada con atender el negocio que con cuidar de ellos. Además, había un hecho que lo cambiaba todo: la abuela Aurora aún vivía. Los Tolkien por el contrario estaban solos.

Estaba contento de haberlos cambiado de alojamiento, su tía no les había dado el cariño que necesitaban. Puede que se debiera a que acababa de quedarse viuda o, tal vez, a la antipatía de los protestantes hacia los católicos, aunque fueran de su propia sangre, pero lo cierto es que el aspecto y el carácter de los chicos habían mejorado desde que vivían con la señora Faulkner.

En el fondo, para él había sido también un alivio. Le resultaba difícil tratar con una persona que para cuidar de sus sobrinos exigía el pago mensual de cuatro libras y dieciséis chelines. No quería ni pensar en lo que hubiera ocurrido en el caso de que no hubiera podido hacerlo efectivo. Era diferente con la señora Faulkner, que a fin de cuentas era una extraña que se limitaba a alquilar habitaciones y, sin embargo, en su casa eran mucho más felices que con su tía.

Hoy ya no les vería hasta la tarde. Quería comentarles algunas cosas sobre sus ahorros, pero estaba seguro de que no conseguiría que le hicieran demasiado caso. Confiaban ciegamente en él y, aunque le escucharían respetuosamente, iban a estar más preocupados por contarle lo que les había sucedido en el colegio que por sus rentas. Al mayor, Ronald, parecía que sólo le importaba el rugby, pero en él se intuía un enorme talento que le haría llegar donde se propusiera, tanto en los estudios como en la vida. No le iba a ser fácil siendo católico, huérfano y sin demasiados recursos, pero era su responsabilidad evitar que se torciera y no explotara al máximo sus posibilidades. Conocía a tantos que habían errado el camino...

Ahora se tenía que ocupar de otros asuntos y por un rato debía alejarlos de su mente. Este año estaba siendo especialmente agobiante y todo el mundo andaba con prisa. Los trabajos de la nueva iglesia avanzaban a buen ritmo, pero tenían que estar terminados para el próximo año que coincidía con el aniversario de la escuela, que cumplía cincuenta años, y con el trigésimo aniversario del nombramiento como cardenal del 'Padre'. ¡Si levantara la cabeza, cuan contento estaría pese a todos los problemas! La verdad es que la iglesia estaba quedando magnífica.

¡Dichosa lluvia! Tenía que hacer varias visitas. Los Villanueva le esperaban para tratar del bautizo de su criatura que acababa de nacer. Ellos también eran de origen español, aunque su abuelo había venido a Inglaterra por razones diferentes a las suyas. Eran un matrimonio agradable que el Padre Denis había casado apenas hacía tres años y que solían acudir fielmente a la iglesia. Luego tenía que ir a otras casas del vecindario, aunque no se alejaría demasiado. Sus piernas no eran igual de fuertes que antes y hoy en día, con tanto coche, resultaba incluso peligroso salir en días como aquel.

Los tiempos cambiaban. Su memoria todavía retenía la imagen de Hagley Road cuando la vio por primera vez. ¡Qué distinto de ahora era todo, sin automóviles, sin luz eléctrica...! Era curioso cómo el tiempo iba modificando sigilosamente los lugares donde discurría nuestra vida y cómo los leves cambios cotidianos resultaban inapreciables, hasta que un día como aquel uno echaba la vista atrás y se daba cuenta de cómo había cambiado todo.

Pero no sólo cambiaban los lugares, también lo hacían las personas. Las generaciones se sucedían y la ley natural se cumplía inexorablemente. Unos pasaban a mejor vida y otros como él, poco a poco, envejecían, dejando atrás, como si de otra vida se tratara, muchos momentos especiales. Sin embargo, algunos recuerdos se resistían a desaparecer y no tenía que esforzarse demasiado para que volviera a él la turbación que había invadido su mente infantil al darse cuenta de lo distinta que era Birmingham de El Puerto y, sin embargo, reflexionaba ahora, se había convertido en uno más de sus habitantes y prácticamente toda su vida había discurrido allí.

Pero, ¡bastaba ya de ensoñaciones! Tenía muchas cosas que hacer y no era el lugar ni el momento para ellas. No estaba en Rednal, ni era una época ociosa. Además, estas reflexiones eran más propias de alguien como el Padre Joseph. Más le valía seguir dando gracias a Dios porque no hubiera ocurrido ninguna desgracia con la explosión de la chimenea. Qué afortunados habían sido el Padre John al no haber estado en su habitación y el Padre Henry, al que su Ángel de la Guarda había protegido en su caída desde el piso alto hasta la planta baja. La verdad es que iba a ser algo que tardaría en olvidarse.

En fin, las tareas le llamaban y si no se ponía a ellas no conseguiría acabarlas todas. Por otro lado, los demás estaban ya con sus propios quehaceres. La lluvia no podía retenerle más y, a fin de cuentas, estaba en Inglaterra y lo raro sería que siempre hiciera sol.

Esta noche tenía que escribir a casa.

El romance

En 1908 los hermanos Tolkien se trasladaron a la casa de los Faulkner. Esta familia alquilaba habitaciones para complementar sus ingresos y estaba formada por el padre, Louis, de poco más de sesenta años, su esposa Louisa Elizabeth, de unos cincuenta años, y su hija Helen, una mujer soltera de poco más de treinta años. Previamente, Louis Faulkner había dirigido un negocio en Londres junto con un tal Robert Hankinson Cox, llamado Faulkner & Co., dedicado a realizar labores como transportistas al continente, agentes de aduanas y armadores.[1] Su oficina central estaba en el 61 de la Great Tower Street, muy cerca de la sede de Morgan Brothers, y su actividad estaba relacionada con el transporte de vino y bebidas espirituosas, entre otros productos. Por lo tanto, es muy probable que Morgan ya los conociera antes de que se trasladaran a vivir cerca del Oratorio, en el número 37 de Duchess Road de Edgbaston.

En esta nueva casa, los chicos debieron afrontar nuevas situaciones. Centrándonos en Ronald Tolkien, en aquel momento con 16 años, una de las principales preocupaciones era la cercanía del final de los años de escuela en la King Edward's School y la ansiada, aunque incierta, posibilidad de poder continuar sus estudios en la universidad. El caso de Hilary era distinto ya que no parecía que los estudios superiores hubieran provocado en él un interés o, incluso podría decirse, una vocación, como la que despertaban en su hermano mayor. Por otra parte, la capacidad de Ronald Tolkien era, y había sido desde niño, muy notable, como se había hecho patente para muchos de sus profesores y, evidentemente, para su entorno más cercano.

Ciertos hechos le habían enriquecido tanto en lo personal como en lo intelectual. Las circunstancias desgraciadas que tuvieron lugar en su infancia le habían fortalecido, pese a que en ocasiones rasgos de su carácter indicarán un poso de cierta amargura. No obstante, la influencia de su tutor se tuvo que hacer notar en este terreno y este desánimo, que apenas se atisbaba en Tolkien, quedaba minimizado al confrontarlo con su temperamento decidido y nada conformista y con la fortaleza que le otorgaban sus certezas en el terreno religioso.

Por otra parte, sus dieciséis años eran un factor en su contra, ya que estaba en uno de los periodos más delicados de su vida, a medio camino

---

[1]. Faulkner ha sido descrito erróneamente como comerciante de vino desde que Humphrey Carpenter, biógrafo oficial de Tolkien, lo señalara. Probablemente la confusión deriva de una posible relación con Morgan y los antecedentes de su familia en esta área.

entre la niñez y el mundo adulto. Un nuevo universo se vislumbraba en el futuro cercano, con la posibilidad de alcanzar metas largamente ansiadas pero, al mismo tiempo, las pruebas que se interponían se adivinaban necesariamente duras. Su primer y principal problema era el económico. Su madre no había dejado rentas que le permitieran estudiar en la universidad y, aunque el Padre Morgan estaba dispuesto a costear sus gastos académicos en la medida de sus posibilidades, se hacía necesario que obtuviera una beca para poder acceder a los estudios superiores. Esto significaba un reto enormemente arduo y que implicaba dedicar todas sus energías a él.

La universidad hacia la que se dirigían sus pretensiones era Oxford, donde no había estudiado ninguno de sus antepasados, aunque sí los del Padre Morgan, ya que, sin ir más lejos, varios Osborne habían acudido allí (pertenecían a la rama de la familia que no había emigrado a España). El último de ellos había sido su tío abuelo Peter que más de medio siglo atrás se había licenciado en el Exeter College, curiosamente el mismo en el que acabaría estudiando Tolkien. De haber concurrido unas circunstancias históricas diferentes, es bastante probable que el mismo Francis Morgan hubiera acabado estudiando en Oxford, pero no tuvo opción de hacerlo pues los católicos se habían autoimpuesto el mandato de no acudir allí, en una prohibición que se prolongó hasta los últimos años del siglo XIX, pese a las muchas voces opuestas a esta forma de actuar procedentes de personalidades destacadas de la misma Iglesia, tales como el propio Cardenal Newman.

Puede decirse que existía un pacto implícito entre Tolkien y el Padre Morgan, de forma que si el primero se esforzaba en lograr una plaza en Oxford, a través de la obtención de una beca, el sacerdote costearía todos aquellos gastos que ésta no cubriera (muy numerosos por otra parte). No era un acuerdo trivial y, de ningún modo, Ronald Tolkien había sido forzado a aceptarlo, pues más bien él era el que con más ahínco deseaba lograr su meta. Sin embargo, algo inesperado sucedió.

Cuando los muchachos comenzaron a vivir como huéspedes en casa de los Faulkner su calidad de vida mejoró pues eran tratados mejor que en casa de su tía. La casa estaba aproximadamente a la misma distancia del Oratorio y su vida cotidiana continuó discurriendo de modo similar y sus días continuaron con la misma rutina con su tiempo dividido entre la vida escolar y la del Oratorio. Sin embargo, en el destino de Ronald se cruzó el de una joven huésped que se alojaba en casa de los Faulkner, Edith Bratt, una huérfana que no era católica y mayor que él pues ya tenía diecinueve años.

Entre los dos, pronto surgió una amistad que se trasformó en amor, un amor juvenil, romántico y algo idealizado, pero amor a fin de cuentas. Tolkien debió tener claro desde el primer momento que inició su relación, lo inconveniente de la misma. Por de pronto significaba un poderoso elemento de distracción en su objetivo de superar las pruebas académicas para entrar en Oxford. Pero además concurrían otras cuestiones secundarias, aunque importantes en esta relación, tales como la diferencia de edad (el que ella fuera tres años mayor que él no era exactamente la norma de aquellos tiempos) y, evidentemente, las diferencias de credos religiosos.

Estos hechos explican los motivos que les llevaron a mantener su relación en secreto, al menos al nivel que su discreción lo permitía. En la casa de huéspedes nadie la conocía, como tampoco en la escuela y, por supuesto, Morgan era completamente ajeno a lo que estaba sucediendo. Sin embargo, pronto tuvieron un desliz que hizo pública su relación durante un inocente paseo en bicicleta hasta Rednal en el que fueron vistos por una conocida de Mrs. Church, la guardesa del retiro de los sacerdotes del Oratorio, que tardó muy poco en informarla. Ella, a su vez, se lo mencionó al cocinero del Oratorio a través de quien la historia llegó finalmente a oídos del Padre Morgan.

Aunque su tierna historia de amor estaba completamente libre de malicia, había causado varios problemas. Por un lado, Tolkien había traicionado la confianza de su tutor, ocultándole hechos importantes (probablemente porque sabía cuál sería su reacción). Sus acciones también podrían haber sido interpretadas como irresponsables, pues dedicó su tiempo a algo ajeno a su prioridad, es decir, su educación, especialmente dada la proximidad de los exámenes. Finalmente, podría haber sido visto como un intento deliberado de mentir y engañar a todos los que confiaron en él y lo ayudaron con todos los medios a su disposición.

No debe sorprender que la reacción del Padre Morgan fuera contundente. Por primera vez, al menos en un asunto importante, impuso unilateralmente su autoridad sobre Ronald y, haciendo uso de su potestad como tutor legal suyo, le prohibió que mantuviese contacto alguno con aquella joven con la que mantenía aquel romance secreto, en tanto su tutela dependiera de él, es decir, hasta que alcanzara la mayoría de edad a los veintiún años. Al mismo tiempo, decidió trasladar de casa a los hermanos Tolkien y los alojó con los McSherry, una familia católica de la parroquia que también vivía en las cercanías del Oratorio.

Mucho se ha comentado esta decisión y la actitud de Morgan en esta cuestión y, por desgracia, pocos han entendido los motivos que condicionaron su firmeza. También se le ha juzgado desde una época y con una perspectiva diferente a aquélla en la que se desarrollaron los acontecimientos, lo que ha llevado a presentarle de forma completamente distorsionada y falaz, calificándole de intransigente y severo guardián, tan celoso y desproporcionado como tiránico. Incluso algunos autores se atreven a aventurar la descabellada idea, de que parte de las motivaciones de Morgan para adoptar su decisión procedieran de su frustración ante la imposibilidad de que se realizara su esperanza secreta de que, en un futuro,

Tolkien se convirtiera en sacerdote, algo ciertamente absurdo ya que no concuerda con ninguno de sus actos pasados, como el de, sin ir más lejos, dejarle acudir a la King Edward's School.

Ninguna de estas apreciaciones responde, en sentido estricto, a la realidad. Ante todo hay que pensar que nos encontramos en el contexto de principios del siglo XX, en el que las apariencias resultaban primordiales y, cuestiones que hoy nos parecen nimias, eran en aquel momento de importancia vital. Pero, además de esto, equivocado o no, Morgan actuó como un padre, pues antepuso el bien futuro de su protegido, que pasaba por ingresar en la universidad y forjarse un porvenir, a una, desde su punto de vista, eventual felicidad momentánea.

Tolkien no tenía apenas recursos, ni disponía de una formación práctica que le permitiera desempeñar alguna clase de trabajo. Además, su condición de católico era todavía una importante desventaja social, y si se hubiera dejado llevar y, en aquel momento, lo hubiese dejado todo por Edith, probablemente su vida habría estado condenada a la desdicha más absoluta. Todos estos aspectos le llevaron a aceptar resignado la resolución de su tutor. En cualquier caso le hubiera resultado difícil desobedecerle frontalmente ya que dependía de él tanto económica como legalmente, pero la verdadera raíz de su decisión de acatar el mandato impuesto hay que buscarla más bien en el afecto y la impagable deuda de gratitud que Tolkien tenía con Morgan. Años después reflexionaba sobre ello:

> Tenía que escoger entre desobedecer y agraviar (o decepcionar) a un tutor que había sido un padre para mí, más de lo que lo son muchos padres reales, aunque sin ninguna obligación de actuar así, y renunciar a la relación amorosa hasta los veintiún años. No me arrepiento de mi decisión aunque fue muy duro para mi amada.[2]

De este modo, aunque la obediencia no fue absoluta y se produjeron algunas otras citas entre ambos (tanto casuales como provocadas), que enfadaron considerablemente al Padre Morgan, el contacto entre Ronald Tolkien y Edith Bratt se interrumpió. Finalmente, unos pocos meses después desapareció cualquier posibilidad de encuentro, aun fortuita, cuando ella se marchó de Birmingham a Cheltenham, a casa de unos parientes.

Tolkien logró una beca para Oxford, tras un intento fallido, e ingresó en el Exeter College en 1911. Ese verano hizo un viaje a Suiza en compañía de su hermano Hilary, que por entonces trabajaba en una granja de Sussex. El ingreso en la universidad implicó separarse de su tutor durante un prolongado periodo de tiempo, por primera vez en muchos años.

---

2. Humphrey Carpenter, (ed.), *Cartas de J.R.R Tolkien*, Editorial Minotauro, Barcelona, 1993, Carta 43, p. 67.

Pese al deterioro que el asunto de su *affaire* amoroso debió provocar temporalmente en su relación, el Oratorio continuó siendo su refugio y el lugar al que volver cuando sus estudios lo permitían. De hecho, la dirección fija de Tolkien continuó siendo la del Oratorio durante largo tiempo, y así, por ejemplo, figuraba, entre otros documentos, en su certificado de alistamiento para la Primera Guerra Mundial.

Durante sus primeros años en Oxford, su relación interrumpida con Edith continuó viva en su corazón. Puede que, debido a la separación, el vínculo entre los jóvenes se hiciera más fuerte y, al mismo tiempo, la distancia les ayudó a madurar. Hay quienes piensan, incluso el mismo Tolkien llegó a afirmar algo en este sentido,[3] que la firmeza de Morgan no hizo sino convertir un amor juvenil, probablemente pasajero, en una relación profunda fortalecida por la distancia. Así cuando Tolkien cumplió los veintiún años, exactamente a las doce de la noche del día de su cumpleaños,[4] comenzó una larga carta dirigida a Edith (con la que, por otra parte, no había mantenido contacto alguno en tres años). Al poco tiempo la relación fue retomada y después de un periodo relativamente breve, y ante su movilización para combatir en la Primera Guerra Mundial, su unión se formalizó en un matrimonio que habría de durar más de medio siglo.

Morgan aceptó sin oposición la reanudación de las relaciones entre los jóvenes en el momento en que ésta tuvo lugar y supo adaptarse a la aparición de una prometida en la vida de su protegido. John y Priscilla Tolkien (el mayor y la menor de los hijos del futuro matrimonio) recuerdan como sus padres les referían que durante los años de estudiante de Tolkien, Francis Morgan viajaba ocasionalmente en tren desde Birmingham para visitarle en Oxford y, a veces, era acompañado por Edith. El maduro sacerdote ejercía, de alguna manera, como vigilante de la joven, aunque siempre en consonancia a su particular manera de proceder. Por ejemplo relatan como durante uno de estos viajes se empeñó en bajar en la ciudad de Banbury, una de las paradas del trayecto, para comprar *Banbury Cakes*, unos pastelitos grasientos, típicos de aquella población y que debido precisamente a su pringosidad provocaron ciertos problemas durante el viaje.[5]

También para Tolkien el reinicio del noviazgo tuvo consecuencias inmediatas al menos en cuanto a su voluntad por labrarse un porvenir. Prueba de ello es que tras un periodo inicial en Oxford que no había sido demasiado productivo, su actitud ante los estudios cambió radicalmente y empezó a destacar. Igualmente consiguió un trabajo para el verano de 1913 que, a pesar de los problemas que le ocasionaría, indica su empeño por dar lo máximo de sí. Este trabajo consistió en acompañar como preceptor a tres jóvenes

---
3. Op. cit.
4. Humphrey Carpenter, *J.R.R Tolkien. Una biografía*, Editorial Minotauro, Barcelona, 1990, p. 74.
5. John and Priscilla Tolkien, *The Tolkien Family Album*, Houghton Mifflin, Boston, 1992, p. 35.

mejicanos de clase alta durante un viaje a Francia en el que visitarían a sus tías allí residentes. Los jóvenes, que estudiaban en Inglaterra, se llamaban Ventura, José y Eustaquio Martínez del Río y Bermejillo y pertenecían a una de las familias más importantes y adineradas de Méjico, aunque con raíces y vínculos muy cercanos en España. Por desgracia el viaje fue fatídico ya que estuvo marcado por la muerte en accidente de una de las tías y supuso una amarga experiencia personal para Tolkien.

Pero lo que debe destacarse es que se trata del primer trabajo serio que desempeñó y es bastante probable que para conseguirlo contará con la ayuda del Padre Morgan y sus contactos. A pesar de la probable relación de Tolkien con un primo de los chicos que estudiaba por entonces en Oxford, el que se convertiría en ilustre historiador Pablo Martínez del Río y Vinent, resulta muy curioso que se pueda rastrear una relación entre la familia Martínez del Río y Bermejillo con la de Francis Morgan que, como poco, tuvo que servir para aumentar las credenciales de un joven sin experiencia en un trabajo como aquel. Esta relación procede de la íntima amiga de la madre de Morgan, Catalina des Fontaines y Barron pariente cercana de Eustace (Eustaquio) y William (Guillermo) Barron establecidos en Méjico, quienes estuvieron muy unidos, tanto por negocios como por vínculo familiar con los Bermejillo (la familia materna de los chicos). Tanto es así, que es probable que el que se llamaba Eustaquio debiera su nombre al citado Eustaquio Barron.

Echando la vista atrás a esta época y por encima de estos hechos, la prueba de lo que, ya por aquel entonces, significaba la figura del Padre Francis Morgan para Tolkien hay que buscarla en su vicio secreto: la creación de lenguajes. En 1917, en plena guerra, el futuro autor comenzaba a vislumbrar el camino de lo que serían las obras que le conducirían a la fama. Uno de sus primeros mimbres lo constituye la concepción de los proto-idiomas que se convertirían, años después, en sus lenguas élficas. Dos de sus primeros intentos fueron el *gnómico* y el *qenya*. En el léxico gnómico[6] aparece una curiosa entrada:

Faidron o **Faithron** = Francis

Se trata, sin demasiadas dudas, de un homenaje a su tutor, ya que las palabras corresponden a un nombre propio (sólo los nombres propios se señalan con mayúsculas en el léxico gnómico) y el signo = se utiliza para equiparar nombres en distintos idiomas.

Esta clase de guiños literarios no era infrecuente en la época temprana del desarrollo del universo de ficción de Tolkien y la aparición de Francis en el léxico gnómico no es tan singular como podría parecer. En varios

---

6. El Gnomish Lexicon fue publicado en Parma Eldalamberon como "The Grammar and Lexicon of the GNOMISH TONGUE, by J. R. R. Tolkien", editado por Christopher Gilson, Carl F. Hostetter, Patrick Wynne y Arden R. Smith (eds.), *Parma Eldalamberon* 11 (1995), p. 33.

manuscritos contemporáneos aparecen personajes que se corresponden con personas reales de su familia (en el léxico qenya aparecen Lirillo o Noldorin, Amillo y Erinti que son representaciones de Ronald, Hilary y Edith, respectivamente). Lo que sí que llama la atención es que los significados de estos nombres élficos suelen contener alguna metáfora significativa. En el caso de los nombres *Faidron* y *Faithron* existe una relación evidente con las entradas que aparecen junto a ellos en el léxico gnómico:

> **fair** libre, sin restricciones
> **faidwen** libertad
> **faith** libertad
> **faithir** libertador, Salvador

Relacionar a Francis con estos términos es todo lo contrario de lo que cabría esperar de Tolkien si quedara algo de resentimiento en él. De hecho, es muy revelador que en su mundo privado, en su creación personal, componga el nombre de su tutor usando raíces relacionadas con la libertad y la liberación. Esto, probablemente con más valor que cualquier declaración explícita, nos habla del papel que para Tolkien representó Francis Morgan, quien le rescató de los parientes que deseaban hacerle renegar del camino que inició su madre con su conversión al catolicismo y que él continuó a lo largo de su vida.

La Gran Guerra

A la Primera Guerra Mundial se la puede calificar como uno de los conflictos más crueles de la historia. Desde su inicio, que hacía pensar en un desenlace rápido, todas las previsiones sobre su desarrollo resultaron erróneas y vinieron a probar que ninguno de los contendientes había valorado lo que supondría una guerra global, con el nivel de desarrollo tecnológico militar que se había alcanzado en la época. Nadie había previsto, ni de lejos, los efectos devastadores de las modernas armas aplicadas sobre novedosos ingenios como los vehículos blindados o, por ejemplo, el papel que habría de desempeñar la aviación.

La guerra comenzó en agosto de 1914 y sorprendió a Francis Morgan en España. Tras varios años de ausencia, que se debieron a las atenciones que dispensó a sus jóvenes protegidos en sus periodos vacacionales, regresó a España de manera consecutiva todos los veranos entre 1911 a 1914. Justo en 1911 los hermanos Tolkien tomaban sus propios caminos, al iniciar sus estudios el mayor y comenzar a trabajar en Sussex el pequeño, lo que de algún modo le liberaba levemente de sus obligaciones.

En 1914, no obstante, existía una importante causa familiar que justificaba su presencia en España. El 25 de julio, su joven primo Antonio Osborne Guezala, hijo de su difunto tío Tomás Osborne Böhl de Faber, se ordenaba sacerdote e ingresaba en la Compañía de Jesús. El primero de agosto de ese mismo año celebraba su primera misa, siendo el lugar elegido para ello la iglesia de San Francisco de El Puerto de Santa María. Según recoge la Revista Portuense a "Francisco Morgan y Osborne, religioso felipense", se le reservó el honor de ser el maestro de ceremonias de dicha solemne misa, en la que junto al nuevo sacerdote concelebraron otros miembros de la Compañía de Jesús. Tras la misma tuvo lugar un banquete familiar ofrecido por el Conde de Osborne (hermano del protagonista del acontecimiento) y en el que, como parte de la familia, fueron invitados los hermanos Morgan. Choca, de alguna manera, que esta noticia comparta la portada del periódico local con el bombardeo de Belgrado, una de las primeras acciones militares que tuvieron lugar en los albores de la guerra.

El regreso a Inglaterra debió de suponer toda una aventura para el ya maduro Padre Morgan, pues la entrada de Gran Bretaña en el conflicto (el 4 de ese mismo mes de agosto, cuando los alemanes invadieron Bélgica) no favorecía precisamente los desplazamientos por mar de los súbditos británicos. No consta que regresara a España durante el conflicto, algo que sí que hizo su hermano Augusto (quien por aquel entonces residía en Portugal y contaba con la ventaja de poderse desplazar por tierra).

En todas las familias hubo muertes, incluso en la de la escuela del Oratorio que perdió a numerosos antiguos alumnos. Muchos de los antiguos alumnos de la Escuela habían optado por la carrera militar y ellos fueron los primeros en ser movilizados. Los más veteranos habían participado en otros conflictos, especialmente en la guerra con los *boers* en el sur de África y habían alcanzado un cierto rango en la escala militar. Los más jóvenes, sin embargo, eran a lo sumo oficiales de baja graduación y en gran número se convirtieron en las víctimas más tempranas de la guerra.

El primero en caer fue el capitán Fergus Forbes del Royal Irish Regiment, apenas veinte días después del inicio de la guerra. Después de él, otros ochenta y tres antiguos alumnos de la escuela del Oratorio perdieron la vida. Estas primeras muertes llevaron una amarga tristeza al Oratorio, aumentando las preocupaciones personales de los miembros de la Comunidad que tenían a alguien luchando en el frente. El Padre Edward Pereira, por ejemplo, tenía dos hermanos en el ejército, George y Cecil, ambos antiguos alumnos del Oratorio, que estuvieron en constante riesgo durante los cuatro años de la guerra.

En el círculo de Morgan, varios familiares[1] perdieron la vida, pero también conocidos, vecinos y feligreses, aumentaban continuamente las listas de víctimas. Pronto nombres como Somme, Verdun o Ypress se convirtieron en parte del vocabulario popular como sinónimo de muerte.

En los primeros meses de la guerra hubo una avalancha de civiles ansiosos por participar en ella, que se alistaron voluntariamente por todo el Reino Unido. En particular, el área de Birmingham fue uno de los puntos de mayor reclutamiento y en apenas un mes ya estaban en marcha tres batallones de *Pals* formados por habitantes de la ciudad. Los *Pals* eran regimientos en los que sus miembros eran civiles de una misma zona, de forma que marchaban juntos a la guerra vecinos y amigos, lo que, de algún modo, siempre era positivo para la moral y la convivencia.

Hilary Tolkien se alistó en uno de estos regimientos nada más comenzar la guerra y entró a formar parte del Tercer Batallón de Birmingham, también conocido como el decimosexto de los Royal Warwicks. Se incorporó a la sección de cornetas y tambores y su instrucción inicial tuvo lugar en el mismo Birmingham, en la escuela de Moseley que había sido tomada como sede por su regimiento. Tras ser trasladado a tres destinos dentro de Inglaterra, su regimiento fue finalmente enviado al continente el 21 de noviembre de

---

1. Su primo el Mayor Cecil Buckley Morgan, hijo de su tío Thomas, cayó en Francia junto con su hijo Basil. También Roland Morgan, el único hijo de Aaron Herbert Morgan (hermano de Cecil y antiguo socio de Morgan Brothers) sirvió en el Royal Flying Corps y murió en el frente occidental.

1915. Durante los combates Hilary actuó de camillero y fue herido de cierta consideración en abril de 1916.

Su hermano Ronald, deseoso de acabar sus estudios antes de incorporarse a filas, se integró en un programa del ejército que retardó su incorporación hasta su graduación, con lo que su alistamiento se hizo efectivo a mediados de 1915. Se incorporó como Segundo Teniente al decimotercer batallón de los Lancarshire Fusiliers en julio de 1915 y tras pasar igualmente por varios destinos intermedios fue trasladado a Francia en junio de 1916, donde fue transferido al decimoprimer batallón.

Sin embargo, antes de su traslado al continente sucedieron una serie de hechos trascendentales en su vida. Su romance con Edith Bratt había sido retomado tras tres años de separación, e iba completando etapas con la idea de que finalmente pudieran casarse. Uno de los puntos más importantes fue la conversión al catolicismo de ella, paso imprescindible para que se pudiera producir la boda, y que la llevó a tener que trasladarse a una casa de alquiler en la ciudad de Warwick, pues los familiares que la hospedaban le dieron la espalda con el cambio de religión.

Ante la cercanía de la boda, que por otra parte no podría demorarse dada la inminencia de su traslado al frente, Tolkien fue a hablar con el Padre Francis Morgan para tratar de cuestiones económicas y con el propósito de comunicarle la proximidad de su matrimonio. Sin embargo, durante la charla no fue capaz de decirle nada con respecto a sus intenciones, debido probablemente al recuerdo de la oposición que el Padre Morgan había expresado respecto a esta relación.

De este modo, Morgan no supo nada de la boda de su protegido hasta quince días antes de que ésta se produjera, cuando recibió una carta de Tolkien en la que finalmente se lo confesaba. Pese al desplante, su respuesta fue cariñosa y a través de otra carta les deseaba felicidad y todas sus bendiciones, asimismo, se ofrecía para ocuparse de que la boda se celebrara en el Oratorio. Lamentablemente los planes estaban ya concretados y ésta tuvo lugar el 22 de marzo de 1916 en la iglesia católica de Warwick.

En junio de 1916 se le comunicó a Tolkien que debía partir al frente y decidió pasar su última noche alojado, junto a su joven esposa, en el hotel Plough and Harrow de Birmingham, a la vuelta de la esquina del Oratorio. En una situación de tanta angustia debió de ser un gran alivio para él poderse despedir de la persona que le había cuidado desde su infancia y cuyas palabras de esperanza en aquellos momentos tuvieron que ser, sin duda, un consuelo ante su incierto futuro.

Al poco de llegar al continente, tras haber sido instruido como oficial de comunicaciones, participó en la batalla del Somme, probablemente una de las más letales de toda la guerra. Por suerte no resultó herido de gravedad y una extraña enfermedad, conocida como *fiebre de las trincheras*, iba a ser la responsable de que fuera relevado del frente y enviado a Inglaterra en noviembre de 1916. Puede decirse que fue muy afortunado pues las bajas fueron incontables y entre su grupo de amigos más próximo, sólo él y Christopher Wiseman sobrevivieron.

A medida que la guerra avanzaba se llegó a una situación de movilización global. Esto afectó también a los Padres del Oratorio y varios de ellos marcharon al frente como capellanes de campaña. Entre ellos, y por citar algunos, llaman la atención los casos del Padre Anthony Pollen que, con más de cincuenta años, sirvió en la marina como capellán de un buque de guerra, y que durante la batalla naval de Jutlandia fue herido y ampliamente condecorado, o el del Padre Stanislaus du Moulin-Browne, también profusamente condecorado, adscrito al primer batallón de los Irish Guards, y que, tras el armisticio, realizó un gran papel con los prisioneros alemanes dado su conocimiento del idioma.

Entre tanta muerte y destrucción, un hecho a finales de 1917 vino a compensar a los Tolkien el sufrimiento y la angustia que habían acumulado. Aún sin licenciar y convaleciente todavía, Ronald le trasmitió a su protector la noticia del nacimiento de su primer hijo que había tenido lugar en Cheltenham quien se desplazó hasta allí para oficiar el bautizo del recién nacido, que recibió el nombre de John Francis Reuel. El nombre de Francis le fue dado en su honor.

La guerra finalmente concluyó en 1918. Aquéllos que habían participado quedaron marcados por ella y, entre ellos, los sacerdotes del Oratorio que habían sido capellanes de campaña necesitaron de mucho tiempo para recuperarse de las heridas interiores que el conflicto les había producido. Puede decirse que ya nada volvió a ser igual y, de algún modo, el mundo perdió la inocencia.

Como en toda guerra hubo héroes y víctimas. Adrian Carton De Wiart, antiguo alumno del Oratorio, se significó entre los primeros y fue uno de los militares más laureados de todo el conflicto. Otros como el Mayor Hubert Galton[2], primo muy allegado al Padre Morgan, quien quedó sin descendencia cuando la guerra le arrebató en octubre de 1914 al mayor de sus hijos y en abril de 1917 al pequeño, podría representar a las víctimas.

---

2. Cuando Galton murió en 1928 legó unos terrenos y dinero para la construcción de una iglesia, la de Nuestra Señora y San Hubert, en Oldbury, a las afueras de Birmingham, cuya misa inaugural tuvo lugar el 3 de noviembre de 1934 con la presencia del Arzobispo de Birmingham. El Padre Francis Morgan, que había mantenido un contacto fluido con Hubert Galton, especialmente durante sus últimos años, fue el oficiante.

El deber cumplido

El final de la guerra significó un cambio en cuanto a la relación de Morgan con sus protegidos, ambos ya mayores de edad, que emprendieron sus propios caminos y asumieron responsabilidades familiares. Sin embargo, esto no significa que su conexión terminara como sugieren las biografías de Tolkien que tienden a omitir cualquier contacto con Morgan después del conflicto.

Hillary compró una granja frutícola en Blackminster al este de Evesham, en Worcestershire y se estableció allí. Volvía así al lugar del que procedía la familia de su madre, los Suffield, con quienes, pese a las discrepancias provocadas por las diferencias religiosas, a los hermanos Tolkien les unían mayores lazos afectivos. Se convirtió, de este modo, en un habitante más del hermoso Valle de Evesham y allí se casó con Magdalen Matthews. De este matrimonio nacieron tres hijos varones, Gabriel, Julian y Paul, venidos al mundo a principios de los años treinta.

Durante el resto de su vida mantuvo una fluida relación con su hermano y las visitas de éste y su familia a Blackminster resultaron habituales a lo largo de varias décadas. De hecho, ciertos momentos personales de trascendencia en la vida de Ronald Tolkien vienen asociados a ellas, por ejemplo tras la recuperación de la neumonía que padeció en 1923 o como destino para el viaje inaugural de su primer coche en 1932.

Si nos centramos en la trayectoria de Ronald Tolkien tras la guerra, debe señalarse que, en primer término, regresó brevemente a Oxford a finales de 1918 junto a su esposa Edith y su hijo John Francis. Allí, mientras colaboraba en el *Oxford English Dictionary* e impartía algunas clases ante la carencia de profesorado debida a la guerra, nació su segundo hijo, Michael Hillary.

A principios de 1921 la familia se mudó a Leeds, una ciudad industrial del norte de Inglaterra, donde Tolkien había sido escogido para un puesto de Lector de Lengua Inglesa. Allí permanecerían hasta 1925 en uno de los periodos más intensos profesionalmente ya que podría decirse que en él se produjo el lanzamiento de su carrera docente, pues fue en Leeds donde alcanzó el grado de profesor a la precoz edad de treinta y dos años y vieron la luz sus primeras publicaciones académicas de cierta importancia, como una nueva edición de *Sir Gawain and the Green Knight* en colaboración con su compañero Eric Valentine Gordon. No obstante, la estancia en Leeds no sólo implicó incentivos académicos, también en el terreno personal la familia se vio aumentada con el nacimiento de un tercer hijo, Christopher.

A su llegada a Leeds la familia residió brevemente en el 5 de Holly Bank, en una casa propiedad de una anciana sobrina del Cardenal Newman, lo que hace pensar de nuevo en una intermediación del Padre Morgan o al menos de alguien relacionado con el Oratorio. De allí se trasladaron a otra vivienda de alquiler en el 11 de St. Mark's Terrace, junto a la universidad, aunque finalmente compraron su propia casa en las afueras, en el 2 de Darnley Road.

Para llegar al centro de Leeds desde Darnley Road se hacía necesario tomar el tranvía y este medio de transporte es precisamente el elemento conductor de una anécdota familiar que tuvo como protagonista al Padre Morgan. Se trata de un incidente que nos sirve para confirmar que el lazo entre sus protegidos y él no se rompió en absoluto tras la mayoría de edad de ellos y nos permite descubrir una desconocida afición de Tolkien. Priscilla Tolkien recuerda lo sucedido:

> Él [Morgan] era un visitante regular de nuestra familia durante la década de 1920 cuando mis padres vivían en Leeds. Esto fue algunos años antes de que yo naciera. Mi madre contaba la historia de haber ido con el Padre Francis en el tranvía. Él estaba ansioso por comprar un regalo y sabía que a mi padre le gustaba mucho el queso camembert, que era bastante caro en aquellos días y por lo tanto iba a ser un regalo especial. Se trata de un queso con olor muy fuerte y éste estaba extremadamente maduro, así que mi madre nos contaba que su olor era bastante desagradable, tanto que todo el mundo se fue bajando del tranvía y durante todo el camino a casa tuvieron un tranvía entero para ellos.[1]

Esta inocente anécdota permaneció en el recuerdo de la familia Tolkien que la repitió a lo largo de los años, hasta el punto de que la versión de la misma aquí descrita procede de Priscilla Tolkien, la hija menor de la familia, que no había nacido todavía cuando estos hechos tuvieron lugar. De hecho, unos tres años antes de su nacimiento (Priscilla Tolkien nació en 1929 en Oxford) la familia Tolkien había abandonado Leeds al quedar libre una plaza de profesor en Oxford, lo que constituía todo un éxito profesional y también un anhelo personal cumplido para el cabeza de familia.

En Oxford continuaron las visitas y estancias más o menos largas del Padre Morgan. Ciertamente era una figura familiar de quien la propia Priscilla Tolkien tiene un vívido recuerdo:

> Era un hombre muy alto, vestido con una larga capa y a pesar de su poderosa presencia y de la autoridad que desprendía era encantador conmigo que era

---

1. Esta y otras anécdotas narradas en este capítulo provienen de Priscilla Tolkien y se han transmitido al autor de esta obra a través de una valiosa correspondencia. Estas anécdotas muestran algunos aspectos del desconocido acervo familiar de los Tolkien.

una niña muy pequeña.

Esta imagen concuerda con la dada por Humphrey Carpenter, el biógrafo oficial de Tolkien que comenta que:

> Era en verdad un hombre muy bullicioso, rotundo y cálido, que al principio atemorizaba a los niños pequeños, aunque, cuando lo conocían mejor, solían encariñarse con él.[2]

El contraste entre su aspecto formal y su auténtico carácter se puede ilustrar inequívocamente con otras dos historias familiares. La primera nos vuelve a llevar a Leeds, hacia principios de los años veinte, y, en este caso, el testigo de la misma fue el mismo Tolkien que solía contar a sus hijos lo que le sucedió un día en el que se apeó del tranvía en compañía del Morgan:

> El Padre Francis iba vestido con su capa y era claramente una visión sorprendente para una niña que se paró y lo miró fijamente. El Padre Francis respondió quitándose su gran sombrero de ala ancha, inclinándose ante ella y diciendo "buenas tardes" con gran ceremonia. Tras esto, ella echó a correr aterrorizada.

En buena medida existe un cierto paralelismo entre la reacción de la niña y lo que le ocurrió al Troll del poema de Tolkien *Perry Guiños*, presente en la recopilación de poemas *Las aventuras de Tom Bombadil*, el cual deseaba encontrar amigos entre los *hobbits* pero su imponente aspecto les asustaba:

> Echó un vistazo, y ¿a quién ve
> sino a la vieja Banz
> con su sombrilla y cesta?, y él
> sonríe muy cordial.
> ¡Buen día y noche tenga usted!
> ¿Cómo va su salud?»
> Ella todo dejó caer
> y huyó gritando: ¡Uhh.[3]

La siguiente estrofa continúa la narración y la aparición de la señora Banz termina con los versos:

> mas la vieja Banz corrió como loca a casa
> y se escondió debajo del colchón.

Estos fragmentos aparecen de forma casi idéntica en *The Bumpus*, el

---
2. Humphrey Carpenter, *J.R.R Tolkien: Una biografía*, Editorial Minotauro, Barcelona, 1990, p. 38.
3. J.R.R. Tolkien, *Las aventuras de Tom Bombadil*, Editorial Minotauro, Barcelona, 2005, p. 83.

poema precursor de *Perry Guiños*, (aunque en él la señora Banz es llamada señora Thomas), escrito alrededor de 1928 y publicado por primera vez en 2014 en una nueva edición revisada de *Las aventuras de Tom Bombadil*. *The Bumpus* es una de las *Tales and Songs of Bimble Bay*, una serie de poemas que tienen lugar en Bimble Bay, una ciudad inglesa imaginaria de la costa. Las fechas son consistentes con la hipótesis (que por otro lado no posee ninguna otra prueba formal) de que tal vez una parte de la inspiración de los Trolls (o, como poco, del Troll del poema) pudiera proceder de esta anécdota del Padre Morgan.

La segunda anécdota a la que nos referíamos y que ayuda a comprender su carácter, nos sitúa unos diez años después, en un desayuno de los Tolkien en el 20 de Northmoor Road (Oxford), la casa en la que Tolkien escribiría *El Hobbit* y *El Señor de los Anillos*. Morgan, ya muy anciano, estaba sentado a la cabeza de la mesa y Edith Tolkien le preguntó muy respetuosamente qué clase de cereales deseaba para el desayuno. Evidentemente, la posición en la mesa y el respeto de la esposa de su antiguo protegido no eran casuales, pues tenía ganados ambos derechos en su condición de *segundo padre* de Tolkien.

Morgan escogió unos cereales llamados *Force* y mientras se los acercaba descubrió que Priscilla, la pequeña de la casa, comenzó a llorar desconsoladamente. Lloraba de rabia e impotencia: esos cereales eran sus favoritos y ella los consideraba como suyos. Edith, su madre, fue a reprenderla por su aparente descortesía, pero entonces el Padre Francis Morgan, que adivinó lo que ocurría, se puso de pie y dirigiéndose hacia la niña le entregó el paquete diciendo: "¿He escogido los cereales de la pequeña dama? ¿Puedo devolvérselos y aceptaría mis disculpas?". Con esta acción se ganó a Priscilla y sus lágrimas cesaron.

Sus visitas a Leeds y posteriormente a Oxford no eran un hecho excepcional, lo que demuestra su papel, en cierto modo, como patriarca de la familia. De hecho, incluso en vacaciones su presencia era corriente y, sin ir más lejos, en 1928 había pasado con la familia las vacaciones estivales en Lyme Regis, el lugar en que tantos veranos había compartido con sus protegidos cuando ellos eran unos niños. En esta ocasión pese a su ancianidad dio pruebas de su característico desparpajo. John Tolkien, el mayor de sus hijos, recuerda, por ejemplo, como en aquel agosto de 1928 elaboró como por arte de magia un montón de malvaviscos sobre la cima de un hormiguero".[4]

En cualquier caso es innegable que la desaparición del Padre Morgan (de la que se hablará detalladamente en el próximo capítulo) fue un hecho verdaderamente triste para las familias de sus protegidos. Tanto es así que

---

4. John y Priscilla Tolkien, *The Tolkien Family Album*, Houghton Mifflin, Boston, 1992, p. 61.

Priscilla Tolkien, que nos ha servido de testigo de los acontecimientos cotidianos de la época en casa de los Tolkien, tiene un recuerdo muy claro de aquellos momentos pese a tener solamente seis años entonces. Unido a la anécdota de los cereales rememora:

> Otro recuerdo es cuando se produjo su muerte y la tristeza que sentí en la casa y especialmente en mi padre, sin comprender en aquel momento a qué se debía.

Los últimos años

La Primera Guerra Mundial provocó una herida profunda en la sociedad británica de la que muy pocos quedaron inmunes. Podría decirse que el conflicto fue, en buena medida, el responsable de un cambio general que se hizo notar en todos los ámbitos sociales y que afectó incluso a la Comunidad del Oratorio. Por lo pronto, los sacerdotes que fueron movilizados tardaron un largo tiempo en volver e incluso algunos no regresarían hasta varios años después de finalizado el conflicto, y todos ellos lo harían cambiados y, en muchos casos, con la salud mermada.

Pero, en la posguerra, el hecho que más conmovió a toda la Comunidad fue la propuesta de trasladar la escuela. Esta idea partía de un grupo de antiguos alumnos y su aceptación supuso, según muchos estudiosos, uno de los cambios más significativos de la historia de la Comunidad. En un principio, buena parte de los sacerdotes estaban en contra del traslado y el mismo Preboste, el Padre Richard Bellasis, se oponía por lo que supondría de pérdida de control e influencia de la Comunidad sobre la escuela.

La cuestión fue muy polémica pero las presiones de numerosos antiguos alumnos que querían que la escuela se trasladara fuera de Birmingham fructificaron y, gracias al Padre Edward Pereira que gastó todo su patrimonio en el proyecto, se inauguró la nueva sede de la escuela en Caversham Park, Reading, en 1922.[1] Tres sacerdotes de la Comunidad se trasladaron a Reading, pero el resto de ellos permaneció en Birmingham, con las tareas del Oratorio reducidas a las cuestiones religiosas.

Otro ambicioso proyecto personal se hizo realidad para el Padre Morgan en el verano de 1922, quien en compañía de su hermano Augusto, que había venido desde España para la ocasión, realizó un largo viaje cuyo destino final fue Palestina. Allí vivía su hermana Isabel que era monja de la orden de las Reparadoras bajo el nombre de María del Beato Realino. Después de atravesar media Europa, llegaron finalmente a Jerusalén y allí se encontraron con Isabel que, superados los sesenta años, estaba completamente sorda.

También aprovecharon el viaje para hacer turismo y visitar algunos lugares de interés. Allí conocieron al Padre Angelico Barsi, sacerdote italo-americano por entonces Prior de la Parroquia de San Felipe Benizi de Chicago, centro espiritual y cultural del barrio siciliano de esta ciudad. Con él fueron fotografiados frente al Mar Muerto el 26 de septiembre de 1922.

---
1. Años después, en 1942, se trasladaría a su sede actual en Woodcote, a cuarenta millas de Londres.

Seguramente a consecuencia del viaje de sus hermanos, Sor Isabel se trasladó de Tierra Santa a España. Su primer destino en su patria natal fue el convento que su orden tenía en Madrid y en 1927 fue trasladada a Jerez de la Frontera, donde existía otro convento de las monjas Reparadoras.

Isabel murió antes que sus hermanos y excepcionalmente a Augusto se le concedió permiso para que la visitara en su lecho de muerte. Allí, ella le encargó que legara una cantidad a las monjas en su propio testamento (ya que él había sido el administrador de los bienes de toda la familia) y cuando falleció el 10 de mayo de 1931 las monjas le entregaron a Augusto un crucifijo que había sido de ella y que él tuvo en la cabecera de su cama hasta su muerte, y que tras ésta fue enviado a Francis Morgan a Birmingham.

Respecto a Augusto, poseía unos hábitos acomodados, tenía su propio coche (muy poca gente poseía uno en El Puerto de Santa María) y acostumbraba a viajar en él con sus amigos. El más íntimo de ellos era *Almenas*, nombre con el que se hacía llamar entre sus íntimos José María de Palacio y Abárzuza, Conde de Las Almenas y Marqués del Llano de San Javier. Con él realizó diversos viajes y compartió muchas jornadas en El Canto del Pico, el palacio que éste había edificado a principios de los años veinte en Torrelodones, Madrid. Entre sus más cercanos amigos, aparte de él, se contaban Fernando Van Zeller, vinatero portugués, Herbert Dagge, un inglés pionero del ciclismo en Portugal, la señora Margarita Shaw, y su pariente James Morgan, quien había sido su sucesor en la dirección de Morgan Brothers.

En su vida personal, Augusto Morgan era una persona muy religiosa con una numerosa colección de libros de temas píos, que siempre marcaba con sus iniciales AM. No se había casado y, por tanto, no tenía descendientes (de hecho, ninguno de sus hermanos los tuvo) aunque, durante la última etapa de su vida, Augusto Morgan entabló una relación muy cercana con uno de sus sobrinos (en realidad era sobrino segundo) que habría de convertirse en su heredero en España: Antonio Osborne Vázquez. Éste tendría un papel importante en sus últimos años, en los que se convirtió en inseparable compañero de excursiones y viajes. Tras su muerte se lamentaba en una carta al Padre Morgan:

> No sabes lo que echo de menos al pobre de Augusto. Ni qué decir tiene que todas las excursiones que haga, iré solo, él me enseñó a viajar.[2]

Antonio Osborne Vázquez[3] había nacido en 1903 y era bisnieto de Tomás Osborne Mann e hijo de Tomás Osborne Guezala, quien dirigía las bodegas desde finales del siglo XIX. El trato que sus padres dieron a Antonio había

---
2. Carta de Antonio Osborne a Francis Morgan. 10 de enero de 1933. Archivo Osborne.
3. Él era hermano de Ignacio, José Luis y Juan, mencionados en capítulos anteriores.

estado condicionado por la temprana muerte del primogénito de sus hijos, al que habían llamado Tomás, siguiendo la tradición familiar. La desgracia les había transformado en extremadamente protectores con sus otros hijos y Antonio, que ni siquiera había estudiado en Inglaterra, no se había separado apenas de ellos.

Cuando contaba con más de veinte años, Antonio había obtenido finalmente permiso paterno para pasar una temporada en Birmingham. Francis Morgan le había buscado alojamiento y le acompañó en varias visitas. De hecho, él le presentó a los Cadbury, los propietarios de la gran factoría de chocolate con los que establecería una buena amistad, fruto de la que ya cultivaba Morgan, y que se mantiene hasta la actualidad entre las dos familias: los Osborne y los Cadbury. Igualmente el ya anciano sacerdote le había encontrado una profesora particular de inglés, una tal Miss Burd, de la cual Antonio conservó un gran recuerdo y a la que se refirió afectuosamente en varias de las cartas que cruzó con su tío tiempo después.

Cuando Augusto enfermó de gravedad, él fue el encargado de comunicarse con su hermano en Inglaterra. De esta época se conservan varias cartas en español entre sobrino y tío a través de las cuales se puede seguir la evolución de la enfermedad de Augusto Morgan y la angustia de su hermano, separado por la distancia, ante lo funesto del desenlace. Augusto Morgan murió el último día de 1932. Sus momentos finales fueron descritos en una carta de Antonio a Francis Morgan:

> Augusto estuvo en su pleno conocimiento hasta el último momento, y a pesar de ello me atrevo a asegurarte que no sufrió pues siempre que le preguntaba como se sentía, contestaba que no le dolía nada, únicamente decía que tenía mucho sueño. Recuerdo muy bien que estando el P. Gómez y todos los demás a su cabecera, dijo las siguientes palabras una hora antes de fallecer. "Padre, Antonio, mi Hermano, el otro mundo". Como alguien de los que allí estaban no lo comprendió le hizo esta pregunta "¿Dónde, en Londres?" a lo que Augusto respondió rápidamente "No, en Birmingham, él lo sabe". Como comprenderás es fácil la traducción de estas palabras entrecortadas, quería que te comunicasen que estaba muy malo y al mismo tiempo se despedía de ti. Por todo esto verás que tengo razón en decirte que Augusto estuvo con sus cinco sentidos hasta última hora.[4]

Las gestiones relacionadas con el legado de Augusto Morgan resultaron especialmente complejas, puesto que había dos testamentos, uno en España y otro en Inglaterra. De hecho, Augusto Morgan mantenía la nacionalidad inglesa aunque vivía en España, presumiblemente para conservar los beneficios derivados de ser súbdito británico.

La herencia en España no era en absoluto opulenta. Pese a las apariencias,

---
4. Op. cit. [2].

Augusto Morgan no dejaba grandes posesiones y las casas de la familia parece que habían sido adquiridas en vida de Augusto por su primo Fernando Osborne quedando Augusto como usufructuario mientras viviera. El resto de sus escasas posesiones le fueron entregadas a su sobrino Antonio, excepto su reloj, a quien correspondió inventariarlas detalladamente.

Todo lo contrario sucedió en el Reino Unido. Allí el Padre Morgan fue *molestado* (en palabras de su sobrino) reiteradamente para cumplimentar las numerosas formalidades relativas al aparentemente cuantioso testamento *inglés* de Augusto, prueba de ellos es que debió asumir el pago de una buena cantidad de impuestos. Por ejemplo, en mayo de 1933 se quejaba de que ya llevaba abonadas más de 2000 libras esterlinas.

Un asunto que se complicó especialmente fue el del envío del reloj de Augusto Morgan, un reloj de tradición familiar, a su hermano en Inglaterra. En esa época estaba muy restringida la posibilidad de sacar bienes o valores de España, de forma que la única manera de trasladar un objeto de valor como el reseñado, era llevándolo encima como si se tratara de una pertenencia personal. Francis Morgan escribió lo siguiente a Antonio en una carta de mayo de 1933:

> Es mucha bondad de tu parte tomar tanta molestia en cuanto al reloj y la cadena. Si de alguna manera pudieran ser traídos a Londres, algún amigo mío me los traería aquí. Esto podría hacerse muy fácilmente puesto que muchos amigos míos, y de los Padres, vienen de Londres aquí.[5]

Mientras se resolvía el tema del reloj, en las cartas que cruzaba Antonio Osborne con su tío en Birmingham, éste le comunicaba su idea de ir a Inglaterra puesto que ya "tenía casi convencidos a sus padres". Pero finalmente su deseo parece que no se hizo realidad y el enviado de la familia fue otro sobrino, el hijo de Rafael Osborne Guezala: Rafael Osborne MacPherson. Rafaelito, que es como se le conocía por entonces, fue el encargado de hacerle llegar el reloj junto con el crucifijo que había pertenecido a Isabel.

Con el tiempo Rafael Osborne MacPherson se convertiría en un importante personaje en la familia, casado con una rica heredera tejana, Claudia Heard. Cabe destacar asimismo que fue amigo personal del famoso artista Salvador Dalí, al que convenció para que colaborara con algunos diseños para Osborne, e impulsor de novedades e innovaciones para la empresa, al punto que debe mencionarse su destacado papel, como uno de sus principales promotores, en la campaña publicitaria que dio origen al conocidísimo toro de Osborne. En este asunto contó además con la complicidad de Antonio y entre ambos pudieron convencer a Ignacio Osborne, por aquel entonces presidente de la

---

5. Carta de Francis Morgan a Antonio Osborne. 10 de mayo de 1933. Archivo Osborne.

compañía, de lo positivo de esta idea publicitaria.[6]

La visita de su sobrino debió de ser uno de los últimos alicientes para el ya anciano Morgan. Cierto es que seguía conservando la relación con sus ahijados, pero en su interior la alegría había disminuido en buena medida. Se había consumado la muerte de sus dos hermanos y la de su hermana, fallecidos todos sin descendencia. Y él, con la salud menguada, se sabía conocedor de su pronto destino. Tampoco la situación en España resultaba ningún consuelo. Después de la caída de la monarquía en 1931 no cesaban de llegarle noticias alarmantes, a modo de anticipo del próximo estallido de la Guerra Civil, que no habría de tardar demasiados años en producirse. En general, para él mismo, y especialmente para toda su familia que residía en España y que ocupaba una posición social acomodada y eran notoriamente católicos, la situación era preocupante.

Sin embargo, pese a sus preocupaciones sociales y políticas, su salud no era ajena a su avanzada edad, y fue empeorando de forma progresiva hasta que finalmente el 11 de junio de 1935, murió a los 78 años en su habitación del Oratorio. El Padre Philip Lynch, un sacerdote que le conoció y que convivió con él varios años, señalaría tiempo después, en lo que podría ser un hermoso epitafio, que desde ese momento el Oratorio fue un lugar más gris. Lo cierto es que su muerte, al menos, le evitó la angustia de ser testigo de la terrible lucha entre hermanos que habría de comenzar en su patria en apenas un año.

A Tolkien le resultó imposible asistir al funeral de su tutor. No obstante, el mayor de sus hijos, John, sacerdote como él y que tenía como segundo nombre Francis en honor a él, acudió en representación de la familia. En todo caso, Morgan no olvidó a nadie en su testamento y como prueba del gran amor paternal que había desarrollado por los hermanos Tolkien, por esta época ya casados y con hijos, les legó a cada uno la cantidad (muy importante en aquella época) de 1000 libras.

Además, el reloj que tanto trabajo costó hacer llegar a Morgan, fue heredado por el mayor de sus protegidos, Ronald Tolkien, quien lo conservó en su estudio durante toda su vida y en más de una ocasión fue capaz de repararlo a pesar de la antigüedad de su maquinaria.[7]

No obstante, y pese a este legado, su fortuna era todavía muy considerable

---

6. El famoso toro de Osborne se ha convertido en uno de los iconos de España. Se trata de una valla publicitaria con la silueta de un toro negro, que actualmente no contiene referencia a ninguna marca. Surgió como una idea propagandística para promocionar los productos de la compañía Osborne y con el tiempo se ha convertido, superando su origen, en un elemento representativo del paisaje español. Incluso ha sobrevivido a regulaciones sobre la publicidad en las vías públicas al ser "indultado" por el gobierno tras la gran polémica que se generó ante la posibilidad de su desaparición. Curiosamente Francis Morgan tuvo una relación directa con los principales implicados en la génesis del toro.

7. La familia Tolkien llamaba al reloj 'el flip-flap' porque indicaba la hora girando las figuras como si fueran las páginas de un libro mientras emitía un leve ruido zumbante. Tras la muerte de Tolkien, el reloj fue heredado a su vez por su hijo mayor John, quien falleció en 2003, sin que se sepa cual fue el destino

pues, por otra parte, era el último de los suyos y toda la riqueza de la familia le acabó llegando a él. El hecho es que su patrimonio de más de 25000 libras esterlinas fue a parar al superior del Oratorio de Birmingham, como representante de la Comunidad,[8] como había estipulado en su testamento si se daba el caso de que todos sus hermanos hubieran fallecido antes que él.

Francis Xavier -Curro- Morgan descansa en paz en el cementerio del retiro de Rednal, junto a los otros miembros fallecidos de la Comunidad, entre ellos el Cardenal Newman y muchos de los compañeros con los que compartió su vida desde aquellos lejanos días en que, siendo un niño, llegó a Birmingham para iniciar sus estudios en la escuela del Oratorio.

---

del reloj.
8. *Catholic Herald*, 30 de agosto de 1935, p. 19.

A modo de epílogo

Influencia intelectual en Tolkien

Se ha solido desdeñar cualquier clase de influencia intelectual de Francis Morgan en Tolkien, más allá de la resultante de la instrucción religiosa. Incluso en este terreno, se le ha considerado un mero tutor[1] de su protegido y nunca se le ha dibujado como una persona ilustrada, ni se ha tenido en cuenta que poseía estudios superiores en teología y que tuvo un contacto directo con una de las mentes más destacadas de su tiempo, la del Cardenal Newman (del que fue ayudante y amigo, además de uno de sus primeros pupilos). Sin embargo, no sería demasiado aventurado suponer que en otros aspectos, al margen del religioso, la visión de Morgan se trasladó a Tolkien.

Éste se consideraba conservador aunque en sus enfoques chocaban en buena medida los planteamientos antibelicistas y su descarado posicionamiento en la dicotomía *progreso contra naturaleza* con lo que se podía esperar de un *tory* nacido cuando aún no había concluido el siglo XIX. Nada le repelía más que el uso de la bandera del avance como justificación del expolio de la naturaleza o de la destrucción que podría traer acarreada, tanto en su sentido literal, como incluso en el terreno social, ya que podría suponer la desaparición de ciertos grupos que para él constituían el eje de toda sociedad, tales como el campesinado.

Sintomáticamente, el Padre Morgan procedía de una tradición conservadora de hondas raíces y no es demasiado aventurado especular que las nociones expuestas por tres figuras con lazos familiares muy cercanos a él, sus bisabuelos Nicolás Böhl de Faber y Frasquita Larrea y su tía abuela Cecilia Böhl de Faber, debieron ser para Morgan influencias a tener en cuenta desde un punto de vista ideológico.

Sus bisabuelos maternos eran paladines de corrientes literarias y filosóficas con un marcado carácter antiliberal. En concreto su bisabuelo Juan Nicolás Böhl de Faber fue uno de los máximos impulsores en España de la corriente llamada Romanticismo Histórico, corriente filosófica y cultural, surgida como una reacción al Racionalismo y al Clasicismo que la precedieron. Razonando sobre sus principios surgen de inmediato los paralelismos con Tolkien.

---

1. El nivel de la formación teológica que recibió Tolkien no debe ser minimizado por lo superlativo de su fe, resultante de sus circunstancias personales y, en especial, de la muerte de su madre. A este respecto, Tolkien lamentó la formación que su esposa recibió durante su conversión. "Edith fue adoctrinada en el catolicismo por el Padre Murphy, el cura párroco de Warwick, quien cumplió esa tarea con mera eficacia. Ronald habría de lamentar más tarde la poca instrucción que ella recibió en esa oportunidad". Humphrey Carpenter, *J.R.R Tolkien: Una biography*, Editorial Minotauro, Barcelona, 1990, p. 82.

En el Romanticismo, la razón, como sistema general de ideas que define el universo y las relaciones, es sustituida por una combinación de tres componentes: la sensibilidad, la imaginación y las pasiones. Sin embargo, el Romanticismo Histórico no es simplemente una corriente literaria, sino hasta cierto punto es un credo vital con un marcado carácter reivindicativo que condiciona, en cierta medida, el devenir biográfico de aquéllos afines a sus principios. Para ellos las pasiones sustituyen al razonamiento como principio rector y, en particular, los sentimientos amorosos, los de carácter religioso y los relacionados con la naturaleza, se convierten en líneas definitorias de sus vidas. Igualmente plantean un rechazo por el escenario social que les rodea.

En concreto, en el terreno literario este principio dará pie a una huida de la realidad tanto en un sentido geográfico (con la busca de lugares exóticos escenario de sus historias) como en un sentido temporal, en especial hacia periodos tales como la Edad Media. Por otro lado, también la naturaleza pierde su concepción como sistema mecánico y se la liga a un todo interrelacionado viviente en íntima consonancia con el hombre, con el que comparte un mismo espíritu.

Pero, más allá de esto, si hubiera de destacarse una aspiración determinante del carácter romántico sería el anhelo por alcanzar lo infinito: la vida infinita. En tanto que ideal, la lucha por alcanzarla es lo que le da sentido a lo finito. Un complemento a ello, también como aspiración imposible pero de carácter marcadamente definitorio del Romanticismo Histórico Español del tipo llamémosle *intelectual* (en gran medida la marca de Juan Nicolás Böhl de Faber), es el ansia de recuperación del pasado que viene dada por la idea de decadencia que marca el establecer como cénit de la historia de España sus épocas más gloriosas.

De forma complementaria, en las ideas de la bisabuela de Morgan, Frasquita Larrea, se incide en mayor grado en la aplicación de las ideas románticas como punto de partida hacia un Romanticismo Histórico de carácter marcadamente popular. Se trata de ahondar en los principios anteriores, pero dotándoles de una fundamentación que probablemente sólo podrían originarse en el contexto español de principios del siglo XIX. Así, se plantea un concepto de Romanticismo más como un sentimiento que como un sistema de pensamiento y que viene ejemplificado por la reacción típicamente romántica del pueblo español ante la invasión napoleónica de España y su resistencia ante el poderoso ejército invasor en improvisadas milicias guerrilleras.

La pluma de Larrea es la responsable de varios textos en los que se exalta la Guerra de la Independencia (de la que es testigo) y en los que se llega a vincular algunas victorias, como la de Bailén, a la colaboración de los espectros de los héroes de la historia de España. Al mismo tiempo, en su obra la concepción del campesino como depósito de virtudes, merced a ser pilar de la religiosidad y valedor de las tradiciones, es también un reiterado tópico en el que profundizará su hija.

En la obra de la tía-abuela del Padre Morgan, la afamada novelista Cecilia Böhl de Faber, también se suceden los compromisos vitales e intelectuales que, aunque se alejan de los de sus padres, tienen ciertamente su punto de partida en los de ellos. Tradicionalmente se la ha considerado la creadora de la escuela realista, debido sobre todo al marcado carácter costumbrista de sus novelas. Este costumbrismo es, no obstante, un rasgo cuya trascendencia supera géneros pues su objetivo final es el de dar a conocer ciertos principios que Cecilia reivindicaba.

Resulta difícil caracterizar sus obras brevemente, pero si algo destaca en ellas es el hecho de que la tradición sea un elemento muy importante, lo que la lleva a tratar de recuperar el folclore popular. Continuamente su obra desprende alabanzas hacia la España rural y enérgicas censuras hacia la ciudad y el progreso o, en otros términos, postulando a favor de la naturaleza que representan los campesinos y en contra de la industria que es para ella un gran monstruo:

> Yo he visitado algunos de los grandes centros de la industria moderna, a la que principalmente fían los partidarios del progreso indefinido la futura transformación del mundo.[...][Los obreros son] Infelices partículas de un gran monstruo que devora y transforma la materia, pero un monstruo exigente, brutal, incansable y despiadado (que no es otra cosa una fábrica en nuestros días), viven sin más reposo que el de un sueño tasado por el inexorable déspota que beneficia aquella mina de sangre y vida humana sin más tregua que el rugido del vapor [...][2]

Es, en este contexto, enemiga de la modernidad en la medida que ésta supone una amenaza contra las tradiciones y una justificación para la destrucción de muchos valores tanto intelectuales como tangibles.

> ¡Que impotencia! ¡Destruir y no reedificar; no plantar siquiera unos árboles, esa cultura que brinda la naturaleza si medios faltan para atender obras dispendiosas! ¡Que encanto tiene lo pasado para las almas poéticas, y que bien demuestra la época presente su prosaísmo por el desdeñoso encono que le tiene![3]

Las coincidencias son significativas y muchos de los fundamentos intelectuales y vitales de Juan Nicolás Böhl de Faber, Frasquita Larrea

---
2. Fernán Caballero, *La Farisea*, Centro General de Administración, Madrid, 1865, p. XXXII.
3. Fernán Caballero, *Cosa cumplida sólo en la otra vida: Diálogos entre la juventud y la edad madura*, Establecimiento Tipográfico de Mellado, Madrid, 1862, pp. 181-182.

y Cecilia Böhl de Faber son perfectamente aplicables a Tolkien. Podría pensarse que se trata de una mera coincidencia, apenas de un simple caso de convergencia, pero el hilo conductor que supone la figura de Morgan y la similitud de los principios de Tolkien con algunos de los expuestos y que se manifiestan vivamente en su vida y en sus obras dan, al menos, pie a la reflexión.

Por ejemplo, la aplicabilidad del credo romántico a la personalidad de Tolkien parece clara, al menos en su juventud. Baste recordar que nos encontramos ante alguien capaz de luchar por la supervivencia de un amor imposible (que curiosamente fructifica) al que se oponen su familia (representada por la figura de su tutor), la sociedad (en forma de los problemas generados por no pertenecer a la misma religión) y su misma amada (que llegó a comprometerse con otro mientras Tolkien dejó de tener contacto con ella en el lapso hasta su mayoría de edad).

Por otra parte, también la naturaleza es un referente en Tolkien. Aunque su infancia en la campiña inglesa le marcó, probablemente no sea la única razón que le llevó al continuo ensalzamiento de lo natural y que a lo largo de su vida (y obra) hizo patente a través de su apego a los espacios naturales, a los ríos y singularmente a los árboles y los bosques, cuyo simbolismo es uno de los más repetidos en su obra: los Ents, la luz de los Árboles, *Hoja de Niggle*, etc.

En cuanto al aspecto literario, es curioso comprobar que el concepto romántico de declinación y caída está profundamente presente en Tolkien. El origen de esta idea en Tolkien ha sido tradicionalmente ligado a una proyección del pecado original, sin embargo, los románticos históricos españoles hablaban de un cénit ubicado en cierto punto de la historia (en este caso el llamado Siglo de Oro español) a partir del cual se produce una progresiva degeneración histórica hasta el presente, lo que parece más cercano a Tolkien que la idea de una caída desde un principio paradisíaco trasladada directamente del concepto religioso cristiano.

Este espíritu nostálgico, que ensalza un tiempo pasado glorioso e irrepetible, es recurrente en la obra de Tolkien y se hace patente, por ejemplo, en *El Señor de los Anillos* en las palabras de Elrond durante el concilio de Imladris, cuando se refiere a la Última Alianza:

> Nunca jamás habrá otra alianza semejante de elfos y hombres, pues los hombres se multiplican y los Primeros Nacidos disminuyen y las dos familias están separadas. Y desde ese día la raza de Númenor ha declinado y ya tiene menos años por delante.[4]

---

4. J. R. R. Tolkien, *El Señor de los Anillos. La Comunidad del Anillo,* Editorial Minotauro, Barcelona, 1978, Libro II, Capítulo 2, p. 338.

Pero si hay un rasgo definitorio en la obra de Tolkien es el de la huida. Mucho se ha hablado sobre la evasión en Tolkien y, de hecho, su conferencia publicada en forma de ensayo *Sobre los Cuentos de Hadas*, bascula en buena medida a propósito de este concepto. Tolkien produce un tipo de literatura en la que se manifiesta un escapismo tanto espacial como temporal. Se nos traslada a un mundo extraño, familiar pero diferente, *un mundo secundario* en palabras de Tolkien: la Tierra Media. Se trata de un lugar claramente diferenciado del mundo actual (mundo primario), en el que se nos ubica en un cierto periodo de su historia (en el caso de *El Señor de los Anillos* es la Tercera Edad, en el de *El Simarillion* se nos hace un recorrido desde el origen de este mundo).

Quizás Tolkien avanza con respecto a los románticos en el uso que hace de este mundo para proyectar algunos aspectos de nuestra época actual. En su mundo secundario vuelca ansias y valores contemporáneos que, libres de la compleja carga social que tienen entre nosotros, se manifiestan allí con nitidez y sin ambages. Pero Tolkien no alberga ningún afán moralizante, ni preconcebido, tan sólo pretende contar una simple historia. La historia de una búsqueda.

En todo caso, resulta significativo que los protagonistas de esta búsqueda van a ser unos simples campesinos: los *hobbits*, un pueblo sencillo que sustenta su existencia en la tradición y en el disfrute de las cosas sencillas. El mismo Tolkien los describe en *El Señor de los Anillos* como:

> [Un pueblo] más numeroso en tiempos remotos que en la actualidad. Aman la paz, la tranquilidad y el cultivo de la buena tierra, y no hay para ellos paraje mejor que un campo bien aprovechado y bien ordenado. No entienden ni entendían ni gustan de maquinarias más complicadas que una fragua, un molino de agua o un telar de mano, aunque fueron muy hábiles con toda clase de herramientas.[5]

Se trata de una descripción muy en la línea costumbrista de Cecilia Böhl de Faber aunque, con todas las peripecias que les acontecen, la historia dará lugar a una reivindicación épica de su valor más en la línea de la madre de ésta. De hecho, en *El Señor de los Anillos*, todo el capítulo de "El Saneamiento de la Comarca" presenta unas interesantes similitudes con el comportamiento del pueblo español ante la invasión del poderoso ejército napoleónico. Uno de los puntos álgidos del mismo se produce tras la batalla con el homenaje a los caídos:

> Al fin la batalla terminó. Casi setenta bandidos yacían sin vida en el campo y doce habían sido tomados prisioneros. Entre los hobbits hubo diecinueve

---
5. Op. cit. [4], Prólogo, p. 9.

muertos y unos treinta heridos. A los rufianes muertos los cargaron en carretones, los transportaron hasta un antiguo arenal de las cercanías, y los enterraron: el Arenal de la Batalla, lo llamaron desde entonces. Los hobbits caídos fueron sepultados todos juntos en una tumba en la ladera de la colina, donde más tarde levantarían una gran lápida rodeada de jardines.[6]

Igualmente, la vinculación de los buenos sentimientos con la naturaleza, enfrentada al progreso fagocitante, se refleja en este mismo capítulo, que deja bien a las claras la coincidencia plena de Tolkien en este aspecto:

> Fue una de las horas más tristes en la vida de los hobbits. Allí, delante de ellos, se erguía la gran chimenea; y a medida que se acercaban a la vieja aldea en la margen opuesta de Delagua, entre la doble hilera de sórdidas casas nuevas que flanqueaban el camino, veían el nuevo molino en toda su hostil y sucia fealdad: una gran construcción de ladrillos a horcajadas sobre las dos orillas del río, cuyas aguas emponzoñaba con efluvios humeantes y pestilentes. Y a lo largo del camino, todos los árboles habían sido talados.
> [...]
> Allí antes había habido un sendero con árboles. Ahora todos los árboles habían desaparecido. Y cuando miraron consternados el camino que subía a Bolsón Cerrado, vieron en la distancia una alta chimenea de ladrillos. Vomitaba un humo negro en el aire del atardecer.[7]

Existen otros elementos a nivel de contenidos que no se deberían pasar por alto y que, como poco, llaman la atención. Entre ellos destaca la gran afición a la recuperación de adivinanzas (y también de refranes y dichos populares) de Cecilia Böhl de Faber, que llegó a publicar varias recopilaciones, dirigidas fundamentalmente al público infantil y juvenil.

Cualquiera que tenga presente *El Hobbit* recordará perfectamente la lucha de acertijos que se entabla entre Bilbo y Gollum. No se puede negar que la adivinanza o la superación de pruebas mediante la resolución de acertijos ha estado presente de forma reiterada en la literatura heroica y medieval, con la que Tolkien ha manifestado explícitamente su deuda y su naturaleza inspiradora. Pero la orientación hacia un público infantil que Tolkien da a la peripecia de Bilbo Bolsón, y la complicidad que establece con los jóvenes lectores, recuerdan mucho a Cecilia Böhl de Faber.

Además, si se observan algunas de las propuestas de ésta en su recopilación *Cuentos, adivinanzas y refranes populares* publicada a mediados del siglo XIX, encontramos similitudes con las de Tolkien en *El Hobbit*. Por ejemplo, Böhl de Faber usa la siguiente adivinanza para describir el viento:

---

6. J. R. R. Tolkien, *El Señor de los Anillos. El Retorno del Rey*, Editorial Minotauro, Barcelona, 1980, Libro VI, Capítulo 8, p. 393.
7. Op. cit., p. 394.

> Vuela sin alas,
> silba sin boca,
> azota sin manos,
> y tú ni lo ves ni lo tocas.[8]

Mientras que Tolkien emplea la siguiente composición:

> Canta sin voz,
> vuela sin alas,
> sin dientes muerde,
> sin boca habla.[9]

El propio Tolkien comentó en una de sus cartas[10] lo mucho que habría que investigar acerca de las fuentes y las variantes de los acertijos de *El Hobbit*. El hecho es que Douglas A. Anderson, editor de *El Hobbit Anotado* emprendió una tarea en este sentido y encontró el origen de ocho de los nueve acertijos. A propósito del acertijo sobre el viento, señala:

> No me ha sido posible encontrar un acertijo que se parezca a éste. Aunque en los acertijos tradicionales sobre el viento suelen encontrarse los elementos "vuela sin alas" y "habla sin boca"[11]

En definitiva, las coincidencias ideológicas y la similitud de las adivinanzas y de los planteamientos literarios sobre ellas, suscitan al menos la posibilidad de una influencia (indirecta y circunstancial, si se quiere) a través de Francis Morgan, que sería fruto principalmente del contacto personal y de la transmisión oral de tradiciones y de ideas heredadas de su familia.

---

8. Fernán Caballero, *Cuentos, adivinanzas y refranes populares*, Sáenz de Jubera, Hermanos, Madrid, 1921, p. 180.
9. J.R.R. Tolkien, *El Hobbit*, Editorial Minotauro, Barcelona, 1982, p. 62. En el original en inglés: Voiceless it cries, wingless flutters, toothless bites, mouthless mutters.
10. Humphrey Carpenter, (ed.), *Cartas de J.R.R Tolkien*, Editorial Minotauro, Barcelona, 1993, Carta 25, p. 40.
11. J.R.R. Tolkien, *El Hobbit Anotado (anotado por Douglas A. Anderson)*, Editorial Minotauro, Barcelona, 1993, p. 88.

Tolkien y el Cardenal Newman

Las figuras de Tolkien y el Cardenal Newman poseen diversos puntos en común tanto en el terreno personal como en el intelectual. Newman, quien sin duda es una de las figuras más relevantes del pensamiento católico en su tiempo y cuyos planteamientos resultan, en muchos casos, absolutamente contemporáneos, es un referente tanto para los católicos ingleses como para los del resto del mundo, entre otros méritos, por sus aportaciones en asuntos de trasfondo teológico y doctrinal. Como otros autores británicos católicos, Tolkien tiene una deuda con el pensamiento y las ideas de Newman, pero su caso es singular debido a que, por sus circunstancias biográficas, a él le fueron trasmitidas de forma muy directa a través del Padre Morgan.

John Henry Newman nació en Londres el 21 de febrero de 1801. Era el hijo mayor de un matrimonio de buena posición (su padre era banquero) integrado en la Iglesia de Inglaterra, pese al origen hugonote de la familia de su madre que procedía de Francia. Fue educado en *Ealing*, una escuela privada en la que se dice que descubrió su vocación religiosa, que se concretó en su deseo formal de dedicarse el resto de su vida a asuntos espirituales y que le vino cuando apenas contaba quince años. Completó su formación en Oxford, en el *Trinity College*, donde fue un destacado estudiante y en 1825 se ordenó. Permaneció en Oxford y en pocos años alcanzó el importante e influyente cargo de Vicario de la *University Church*, que compaginó con tareas como tutor y autor de estudios teológicos.

A su regreso de un viaje por Italia en el que enfermó gravemente, fue uno de los impulsores, seguramente el principal, del conocido como Movimiento de Oxford, junto a John Keble, Edward Bouverie Pusey, Hurrel Froude y otros clérigos anglicanos. En sus inicios partieron del principio de que la fe anglicana era realmente un credo católico no sometido a los dictados del Papa de Roma. De hecho, según ellos, su ubicación en el mapa de las religiones cristianas debería equidistar entre el protestantismo y el papismo, lo que fue llamado *Vía Media*.

El ansia de regeneración de su fe les llevó a combatir contra los males que según ellos acuciaban al anglicanismo. Su postura, vista por muchos miembros de su iglesia como revolucionaria, les llevó a plantear la reintroducción de principios católicos tales como la devoción y la tradición, lo que finalmente condujo a un rechazo frontal de sus ideas por parte de las autoridades eclesiásticas de la Iglesia de Inglaterra. No obstante, el

Movimiento tuvo una nada desdeñable aceptación entre muchos clérigos y también laicos ilustrados para los que significó una importante influencia.

A principios de los años cuarenta del siglo XIX, Newman se retiró junto a un grupo de amigos y discípulos a una pequeña localidad a las afueras de Oxford, llamada Littlemore. Desde 1845 manifestó públicamente que el anglicanismo era más una creación política artificial que un hecho religioso derivado de las enseñanzas de Jesucristo y que la Verdad estaba en la Iglesia Católica Romana, a la que se unió ese mismo año. Dos años después fue ordenado sacerdote en Roma y regresó a Inglaterra ansioso por difundir el mensaje católico entre sus compatriotas, en especial entre los sectores más privilegiados (los más cultos, por otro lado) entre los que el Movimiento de Oxford había causado un notable impacto que se había traducido en un buen número de conversiones.

Newman se estableció en Birmingham y en 1849 fundó en esa ciudad el Oratorio de San Felipe Neri, apenas unos meses antes de que se produjera la denominada por los sectores anglicanos como "agresión papal", es decir, la restauración de la jerarquía católica en Inglaterra, a través del restablecimiento de diócesis y de cargos eclesiásticos. Newman, intervino en las polémicas derivadas de estos hechos y generalmente desarmó a los detractores del catolicismo con obras de un gran valor didáctico y teológico como *Letter to the Duke of Norfolk* o *Apologia Pro Vita Sua*.

Al mismo tiempo, sintió una gran inclinación por las cuestiones relacionadas con la educación, puede que también como reminiscencia de su labor en Oxford (cuyas puertas se cerraron para él tras su conversión al catolicismo). Dos fueron sus grandes legados en esta área. El primero lo conforman sus escritos e ideas sobre la educación cuando fue llamado, al poco de su conversión, para ocupar el cargo de Rector de la Universidad Católica de Irlanda. Pese a lo fallido del proyecto, sus reflexiones en *The Idea of a University* poseen un enorme interés. El otro, el de mayor calado, fue la fundación, dirección y administración de la escuela del Oratorio de Birmingham.

Newman envejeció a la par que esta escuela se desarrollaba y aumentaba en prestigio y en número de alumnos. De hecho, la escuela y el Oratorio se convirtieron en su refugio durante el último tercio del siglo XIX, la época final de su vida que tuvo como punto culminante su designación como cardenal en 1879. Falleció el 11 de agosto de 1890. El epitafio de su tumba, ideado por él mismo, es seguramente la frase que mejor describe su esencia y enfoque vital: *Ex umbris et imaginibus in Veritatem.*[1]

Apenas dieciesiete meses después del fallecimiento en Birmingham de John Henry Newman, a miles de kilómetros de Inglaterra, en la parte más

---

1. "Desde las sombras y las imágenes hacia la Verdad."

austral de África, nacía John Ronald Reuel Tolkien. Debido a circunstancias relacionadas con el trabajo de su padre, como director de una sucursal bancaria en Bloemfontein, la capital del Estado Libre de Orange (hoy parte de la República de Sudáfrica), el que años más tarde se convertiría en afamado docente y autor, venía al mundo lejos de sus orígenes.

Sin embargo, casi toda su infancia, marcada por el fallecimiento primero de su padre y posteriormente de su madre, que murió al poco de convertirse al Catolicismo, transcurrió en el área de Birmingham. Durante los últimos años de la vida de ésta, Tolkien tuvo una gran vinculación con el Oratorio de Birmingham, que se transformó en algo más que su parroquia, una unión que se vio aumentada a su muerte cuando el Padre Francis Morgan se convirtió en su tutor.

En esta época, en el Oratorio seguía absolutamente presente la figura de Newman y la gran mayoría de los miembros de la Comunidad de oratorianos había tenido un contacto directo con él durante largos años. No obstante, se puede señalar sin temor a ser demasiado audaces, que pocas personas pudieron tener un contacto más estrecho con John Henry Newman, al menos a nivel humano y de convivencia, que Francis Morgan, primero en su infancia y juventud como alumno de su escuela y posteriormente como compañero en la Comunidad del Oratorio. Por otra parte, resulta difícil de imaginar que en el contexto en que se desarrollaron los primeros años de Tolkien, y contando con un protector como el Padre Morgan, el autor de *El Señor de los Anillos* no conociera de forma directa y con cierta profundidad, las obras y planteamientos de Newman.

Lo cierto es que también en las biografías de Newman y Tolkien encontramos una significativa coincidencia geográfica, relacionada con las dos ciudades que tuvieron un papel más relevante en las vidas de ambos. La primera de ellas es Birmingham, donde se desarrolló la época de madurez del primero (que incluye casi toda su trayectoria tras su conversión al catolicismo) y la infancia y primera juventud del segundo.

Sin embargo, la ciudad más importante para ambos, al menos a nivel sentimental e inspirador, es Oxford. Para Newman sus años en Oxford representan la primera de las dos mitades en que se podría separar diametralmente su vida. En este periodo, en que fue estudiante en el *Trinity College* y luego tutor en el *Oriel College* y Vicario de la iglesia de la Universidad, la brillante erudición que emanaba de los vetustos *colleges* llenaba su vida y colmaba sus aspiraciones intelectuales. De no haberse visto apartado de allí por su evolución religiosa, Newman hubiera permanecido en Oxford el resto de su vida disfrutando de esta riqueza cultural tan de su gusto. Sin ir más lejos, en 1863 confesó a su diario:

¡Cuán triste y desolado ha sido el curso de mi vida desde que me hice católico!

> Aquí está el contraste: cuando era protestante, me aburría mi religión, pero no mi vida; ahora que soy católico, es mi vida la que me aburre, pero no mi religión.[2]

Esta dualidad es el elemento inspirador del título de su novela *Loss and Gain* (*Perder y Ganar*) que, en un formato semejante a un diálogo platónico, describe en forma ciertamente autobiográfica el proceso de conversión al catolicismo de un miembro de la comunidad de Oxford. Charles Reding, el protagonista y su alter-ego en la ficción, revive los pasos que el propio Newman debió afrontar durante su conversión en el segundo tercio del siglo XIX. Los *colleges* de Oxford y toda la fauna que los puebla: profesores, tutores, alumnos, etc. son descritos con detalle por alguien que se sentía, de algún modo, miembro de aquel mundo.

La conversión al catolicismo supuso el adiós de Newman a Oxford pues no había sitio allí para los católicos. Por una parte en el momento en el que él abandonó la universidad, ésta era, en buena medida, un vivero de clérigos anglicanos y, por otra, los mismos católicos impusieron una prohibición a los jóvenes para que acudieran a estudiar a las universidades tradicionales inglesas tales como Oxford o Cambridge por su "peligrosidad" para su fe y la posibilidad de que fueran pervertidos por la mayoría anglicana. Newman se opuso discreta y respetuosamente al mantenimiento indefinido de está prohibición, sobre todo vista la evolución en la sociedad británica y en la propia universidad, al margen de su convencimiento personal de que una buena formación resultaría una importante baza para un católico a la hora de superar muchos problemas inherentes a su condición religiosa. Sin embargo, esta norma no fue revocada hasta 1895, cinco años después de su muerte.

El permiso otorgado a los jóvenes católicos para que pudiesen asistir a Oxford benefició a Tolkien, quien en 1911 tuvo su primer encuentro con la Universidad, apenas transcurridos tres lustros desde el levantamiento de la prohibición de acudir a Oxford autoimpuesta por las autoridades religiosas católicas. Para él, Oxford fue igualmente su tierra prometida particular. Allí entabló múltiples amistades con ideas y aspiraciones semejantes a las suyas y todos sus anhelos de conocimiento se vieron colmados en el seno de la Universidad. Los tiempos habían cambiado y la situación de los católicos evolucionó y permitió que, pese a una cierta y puntual marginación, Tolkien pudiera desarrollar prácticamente toda su vida en Oxford, sin otras preocupaciones que sus intereses académicos y con el propósito de rodearse de un círculo de amigos y colegas con los que compartir sus inquietudes.

Con un siglo de diferencia respecto a Newman y su Movimiento de Oxford, Tolkien fue uno de los principales artífices de la creación de un club de intelectuales autodenominados *Inklings* y bautizado entre otros por Walter

---
2. Ian Ker, *John Henry Newman. A biography*, Oxford University Press, Oxford, 2010, p. 520.

Hooper, el secretario personal de C. S. Lewis,³ como "el Otro Movimiento de Oxford". Precisamente C.S. Lewis junto a Tolkien puede ser considerado el alma de este grupo, que se vio complementado a lo largo del tiempo por figuras como la del poeta Charles Williams, Owen Barfield o Hugo Dyson junto a otros eruditos ligados a la vida de Oxford, en su mayoría cristianos.

Al igual que el primer Movimiento de Oxford su postura como grupo también fue reivindicativa y opuesta a las corrientes culturales dominantes en su tiempo, pues de alguna manera ellos apoyaban la naturalidad y la sencillez que se demuestra en sus propias obras, en las que la narrativa tiene un papel preponderante. En una época en la que las vanguardias alcanzaban su apogeo y autores procedentes de la corriente modernista anglosajona se convertían en referencia entre sus contemporáneos, no cabe esperar encontrar en la obra de la mayoría de ellos, y en especial en la de Tolkien, ninguna de las señas de identidad de estos grupos tales como el uso de técnicas psicoanalíticas para caracterizar sus personajes, la inspiración en filósofos como Marx o Nietzsche, el recurso de la métrica libre en la poesía (plagada, en muchos casos, de una rebuscada complejidad artificial) ni, ante todo, el ensalzamiento del agnosticismo que se extendió en aquel periodo entre las denominadas *élites intelectuales*.

Dadas pues las coincidencias ideológicas y, si se quiere, también *geográficas*, no resultan en absoluto desatinadas las palabras de Walter Hooper cuando afirma que:

> Si el Cardenal Newman hubiese vivido en ese tiempo, aquel habría sido el club en el que se habría sentido como en casa.⁴

---

3. Clive Staples Lewis (1898-1963) fue un medievalista que ejerció su labor docente en las universidades de Oxford y Cambridge. Sin embargo, probablemente es más conocido por su faceta como polemista acerca de cuestiones relacionadas con la religión, tras su conversión desde el agnosticismo. Igualmente sus obras de ficción, tanto las dirigidas al público juvenil como las orientadas a los adultos le hicieron alcanzar una notable celebridad. En el ámbito personal, Lewis fue probablemente el más cercano amigo de Tolkien con el que compartió gustos literarios así como opiniones y planteamientos filosóficos, aunque sus relaciones personales se enfriaron en sus últimos años.

4. Walter Hooper, "El Otro Movimiento de Oxford", p. 216, en Joseph Pearce (ed.), *J.R.R. Tolkien: Señor de la Tierra Media*, Editorial Minotauro, Barcelona, 2001. Walter Hooper fue secretario personal de C.S. Lewis y es autor de una completa biografía de este autor. Su citado ensayo, "El Otro Movimiento de Oxford", que incluye sus propios recuerdos sobre los Inklings, fue seleccionado por Joseph Pearce para su recopilación "J.R.R. Tolkien. Señor de la Tierra Media". El propio Pearce aporta un ensayo titulado "Tolkien y el Renacimiento Literario Católico", que aborda las cuestiones tratadas en este capítulo pues se centra en la relación entre Tolkien y Newman, pero cae en un continuo regreso a conceptos e ideas preconcebidas. Este es, por otra parte, el pecado de buena parte de los otros trabajos presentes en la obra. Por ejemplo, no quisiéramos dejar de citar la visión de Charles A. Coulombe, en uno de ellos titulado "El Señor de los Anillos, una Perspectiva Católica", p. 73, sobre el Padre Francis Morgan: "Se definía como un "tory galés-español" sin duda una combinación tan ultramontana como pudiera desearse". Se trata simplemente de una afirmación llena de prejuicios y de ignorancia histórica sobre la formación y la base biográfica de Morgan.

La Guerra Civil Española[1]

Cuando los acontecimientos históricos son evaluados según parámetros contemporáneos, y no según las circunstancias del momento en que se desarrollaron, resulta fácil extraer conclusiones equivocadas o, como poco, obtener una visión distorsionada de las diferentes actitudes de los participantes y testigos de aquellos sucesos.

Un claro ejemplo de ello es la polémica que se suscita cada vez que se comenta la actitud de Tolkien durante la Guerra Civil Española que se concretó en su discreto apoyo moral a los "Nacionales", los insurgentes liderados por el general Francisco Franco que derrocaron al régimen republicano tras tres años de lucha fratricida entre 1936 y 1939.

Una visión simplista de la cuestión podría llevarnos a plantear un silogismo desnaturalizado en el que las premisas tendrían como soporte que este apoyo, unido al carácter y naturaleza del movimiento de Franco, sólo podría conducirnos a la conclusión de que, en el terreno político, Tolkien no fue sino un fascista camuflado entre los muros de los colleges de Oxford. Sin embargo, este es un razonamiento con poca base ya que su posicionamiento no se fundamentó en cuestiones políticas y mucho menos en afinidades con ideas de extrema derecha. Debe entenderse que el interés que el conflicto despertó en Tolkien trasciende la mera curiosidad de un espectador más o menos comprometido. Para él se trataba de una cuestión con una especial significación personal. Priscilla Tolkien, hija del autor, nacida en 1929, ha comentado que "el periodo de la Guerra Civil arrojó una gran sombra sobre la vida de mi padre y es un poderoso y duradero recuerdo de mi infancia."[2]

No fueron motivaciones de compromiso político ni de afiliación a unas siglas las que forjaron el punto de vista de Tolkien. El lazo biográfico con España, en su caso a través de su tutor el Padre Francis Morgan, sirvió para concretar su preocupación por la situación en el país y su formación humana y religiosa a su lado para establecer los criterios de su ideario. Precisamente Priscilla Tolkien recuerda a su padre "comentando lo terrible que hubiera sido si el Padre Francis hubiera estado vivo tras el inicio de la Guerra Civil Española".

Morgan viajó a España casi todos los años hasta que le fue imposible hacerlo debido a problemas derivados de su edad. El último de sus hermanos,

---
1. Este capítulo se basa en el artículo "J.R.R. Tolkien and the Spanish civil war" publicado en la revista de la Tolkien Society, *Mallorn*, número 51, Primavera 2011.
2. Carta remitida al autor.

Augusto, murió a finales de 1932, de modo que sus sobrinos de la rama de Osborne se convirtieron en su familia más cercana en España. Ciertamente, mantuvo una correspondencia fluida con uno de ellos, Antonio Osborne, en la que, además de discutir asuntos relacionados con el legado de Augusto, su sobrino le mantuvo al día de los preocupantes acontecimientos que tenían lugar en España.

Tras la proclamación de la Segunda República en abril de 1931 resultó muy complicado mantener la estabilidad política en España y las huelgas, los disturbios y los ataques contra la Iglesia Católica, considerada con suma hostilidad por parte de los partidos de izquierda, fueron frecuentes. Así, el diario *El Socialista* de 1 de octubre de 1931 resumía su postura: "Hay que destruir a la Iglesia Romana, creadora de nuestra leyenda negra y que ha incorporado a nuestra historia el estigma de una tradición de fanatismo, intransigencia y barbarie."

Sirva como referencia para comprender el tipo de informaciones que le llegaban al Padre Morgan respecto a la situación en España este fragmento de una carta del 10 de enero de 1933 en el que Antonio Osborne reseña los numerosos incidentes que se estaban produciendo y, en particular, los sucedidos los días 2 (en que se quemó la Iglesia de Real de la Jara en Sevilla) y 8 de ese mes (cuando ardieron iglesias y conventos por todo el país).

> Ahora, más que nunca, me gustaría hacerte una visita pero tu sabes como están las cosas en la pobre España. ¡Con que tranquilidad saldría de aquí si a cada momento se están poniendo las cosas peor! Nosotros, gracias a Dios, no podemos quejarnos pues ni los incendiarios de templos ni las grandes huelgas revolucionarias se han notado en el Puerto.[3]

La respuesta de Francis Morgan muestra como las noticias procedentes de su país iban añadiendo un poso de tristeza a sus últimos años:

> Pienso mucho en la pobre España y todos los días rezo por ella sin cesar. Sé que la pobre Reina ha venido a Londres para poco tiempo. Tienes mucha razón en cuanto a las elecciones que estaban muy mal arregladas, como yo he leído en un libro que se llama "La caída de un trono".[4]

En corto espacio menciona la visita a Londres de la exiliada Reina de España, Victoria Eugenia, y sus opiniones acerca de *La caída de un trono*. Su afinidad con este libro escrito por el periodista del diario ABC Álvaro Alcalá-Galiano, en el que se analizaba desde una perspectiva de signo conservador la situación producida en el país tras la instauración de la República, nos proporciona una importante, aunque indirecta, visión de la

---

3. Carta de Antonio Osborne a Francis Morgan de 10 de enero de 1933. Archivo Osborne.
4. Carta de Francis Morgan a Antonio Osborne a de 10 mayo de 1933. Archivo Osborne.

ideología personal de Morgan y su íntima creencia de que la situación tras las elecciones municipales (que llevaron al exilio al rey Alfonso XII) se podrían haber gestionado de otro modo.

Morgan se sintió fuertemente afectado por los acontecimientos que sucedían en España y sin duda tuvo que compartir su angustia con Tolkien, lo que explica, al menos en parte, su propia pesadumbre cuando comenzó la Guerra Civil Española. Tolkien encontró pocos partidarios de la causa de Franco en Oxford. Incluso su amigo C.S. Lewis (a pesar de su indiferencia respecto a la política)[5] se oponía al levantamiento. De hecho, Tolkien le reprochó años más tarde por su firme oposición:

> Las reacciones de C.S.L[ewis] fueron extrañas. Nada es un mayor tributo a la propaganda roja que el hecho de que él (que sabe que en todo lo demás son mentirosos y fuerzan la verdad) cree todo lo que se dice contra Franco y nada de lo que se dice a su favor. Aun el discurso que pronunció Churchill en el Parlamento[6] lo dejó imperturbable.[7]

En Gran Bretaña se produjo un masivo apoyo al bando republicano. La mayoría de la sociedad británica compartía (en una visión quizás simplista) que la República era el gobierno legal de España y que combatía frente al oscurantismo de la España tradicional, representada por los grandes propietarios, el ejército y la Iglesia Católica. Sin embargo, el régimen republicano veía empañada su gestión por la caótica situación social que se estaba produciendo en España y por su escasa respuesta ante situaciones violentas contra estos grupos tradicionales, y especialmente las derivadas de un profundo anticlericalismo.

El apoyo de Tolkien al movimiento de Franco descansaba precisamente en su percepción de él como campeón de la Iglesia Católica frente a la amenaza comunista. Por lo tanto, la posición de Tolkien era una consecuencia de su catolicismo. De hecho, los católicos pensaban que los insurgentes reivindicaban los valores tradicionales y defendían a la Iglesia Católica contra los peligros del comunismo y el secularismo, y por ello en Gran Bretaña sólo los católicos apoyaban en masa al movimiento de Franco.[8]

---

5. Relacionado con la Guerra Civil Española, un estudiante le pidió una donación para apoyar la causa republicana y Lewis le dijo que nunca había donado dinero "a nada que tuviera implicaciones políticas directas". John G. West. "Politics from the Shadowlands: C.S. Lewis on Earthly Government". En *Policy Review* 68. 1994, pp. 68-70, p 68.
6. El 24 de mayo de 1944 el Primer Ministro, Winston Churchill, pronunció un discurso en la Cámara de los Comunes favorable al régimen franquista. En el agradecía su neutralidad durante la Segunda Guerra Mundial en lo que consideró un gran servicio prestado a los aliados.
7. Humphrey Carpenter, (ed.), *Cartas de J.R.R Tolkien*, Editorial Minotauro, Barcelona, 1993, Carta 83, p. 116.
8. Curiosamente los grupos fascistas británicos nunca fueron grandes simpatizantes del movimiento de Franco. El máximo representante del fascismo inglés, Oswald Mosley, dirigente de la *British Union of Fascists*, llegó a plantear de forma algo chulesca que "la guerra en España no merecía la sangre

Los líderes religiosos católicos abordaron el tema de manera similar. En Oxford, por ejemplo, el distinguido jesuita Martin D'Arcy y Ronald Knox, capellán de la Universidad de Oxford, respaldaron públicamente a los Nacionales. Sin embargo, la más clara muestra de la posición en la Iglesia Católica inglesa seguramente venga dada por las afirmaciones de la máxima autoridad católica de aquel momento en Gran Bretaña, el Arzobispo de Westminster Arthur Hinsley[9] quien en 1939, con la guerra en sus últimos momentos, escribió una carta a Franco en los siguientes términos:

> Le considero a usted como el gran defensor de la España verdadera, el país de principios Católicos donde la justicia católica social y la caridad serán aplicadas para el bien común bajo un gobierno firme y pacífico.[10]

El tono de esta misiva puede llevarnos a error y darnos una visión equivocada del autor de la misma. Sin embargo, Arthur Hinsley fue un personaje nada sospechoso de fascista, calificado como martillo de dictadores en la Segunda Guerra Mundial. Su espíritu nada ultramontano y sus críticas contundentes a la Italia fascista y a la Alemania nazi provocaron la admiración del mismo Winston Churchill quien vio en Hinsley un igual en tanto a su capacidad de sintonizar con la sociedad británica en los momentos más complejos de la Segunda Guerra Mundial.

Estas opiniones reflejaban no sólo una cuestión filosófica sobre qué principios debían prevalecer en España, sino también señalaban la dolorosa realidad de una sangrienta persecución religiosa. Historiadores británicos neutrales como Hugh Thomas o Stanley Payne señalan aquel momento como la época histórica de mayor odio contra la religión y cuanto con ella se encuentra relacionado y califican la persecución de la Iglesia Católica como la mayor jamás vista en Europa.

Para los católicos británicos, perseguidos durante siglos les resultaba casi tan indignante como el ataque a los religiosos españoles, la actitud de muchos de sus compatriotas. Tolkien se expresa en este sentido de forma explícita:

> Pero el odio de nuestra Iglesia es, después de todo, el único cimiento

---

de ningún inglés". Tom Buchanan, *Britain and the Spanish Civil War*, Cambridge University Press, Cambridge, 1997, p. 90.
9. Tolkien, además de sus lógicas obediencias como católico comprometido, tenía un punto de contacto adicional con Hinsley, quien había nombrado como obispo auxiliar a David Mathew, hermano de su buen amigo Gervase Mathew, erudito dominico que vivía en Oxford adscrito al Blackfriars College. Los Mathew habían pasado su infancia en Lyme Regis donde Tolkien les había conocido cuando todos eran unos niños (aunque él era algo mayor) al haberles visitado con el Padre Morgan quien era amigo de la familia.
10. Kester Aspden, *Fortress Church: The English Roman Catholic Bishops and Politics, 1903-63*. Gracewing, Leominster, 2002, p. 99.

definitivo de la Iglesia de Inglaterra, tan profundamente arraigado, que persiste aun cuando toda la superestructura parece conmovida (¡C.S.L[ewis], por ejemplo, venera el Sagrado Sacramento y admira a las monjas!). Pero si un luterano es encarcelado, se levanta en armas; sin embargo, si se asesinan sacerdotes católicos, se niega a creerlo (y, diría yo, aun cree que se lo buscaron).[11]

Lo cierto es que la actitud de los católicos británicos a favor de los insurgentes en España les aisló todavía más y tuvo un alto coste sobre la duramente ganada reputación de muchos de ellos. Realmente en aquellos momentos resultaba complicado separar el apoyo político a los franquistas basado en una identidad con el fascismo, con la simpatía hacia ellos propiciada por las afinidades religiosas, reforzada por la persecución religiosa cuya raíz se identificaba con el comunismo. La declaración del escritor católico Ewelyn Waugh es sumamente ilustrativa: "Si yo fuera español estaría luchando a favor del General Franco. [...] No soy fascista y no me pienso convertir en uno de ellos a no ser que sea la única alternativa al marxismo."[12]

Ciertamente el apoyo a Franco significaba el rechazo de la comunidad intelectual, como le sucedió a Francis de Zulueta, *Regius Professor of Law* en el *All Souls College* de Oxford entre 1919 y 1948, y padrino de bautismo de Priscilla Tolkien. Zulueta nació en 1878, de ascendencia hispano-irlandesa aunque era súbdito británico, vivió en Oxford durante la mayor parte de su vida. Su padre, Pedro de Zulueta, era hijo del segundo Conde de Torre-Díaz, también llamado Pedro, un empresario vasco que se había establecido en Londres. Su madre era Laura Sheil, hija del último gobernador de Persia, Justin Sheil, y hermana del Padre Denis Sheil, sacerdote del Oratorio de Birmingham, a quien Tolkien conocía.

La única hermana de su padre se casó con Rafael Merry del Val, noble diplomático partidario de Alfonso XIII. Entre sus cuatro hijos (primos, por lo tanto, de Francis de Zulueta) destacan Alfonso, que fue embajador de España en Londres entre 1913 y 1931 (justo hasta que se instauró la II República en España) y su segundo hijo, Rafael, que escogió la carrera eclesiástica y se convirtió en el Cardenal Merry del Val, Secretario de Estado del Vaticano durante el papado de Pío X. El cardenal murió en 1930, pero su hermano Alfonso y especialmente el hijo mayor de éste, Pablo, estuvieron muy involucrados en el levantamiento de Franco.

En Oxford, y pese a su indudable prestigio, sus colegas desaprobaron el apoyo de Francis de Zulueta a los Nacionales (y al régimen de Franco tras la Guerra Civil). Alrededor de su figura se creó toda una especie de leyenda

---
11. Op. cit [7], Carta 83, p. 116.
12. Joseph Pearce, *Unafraid of Virginia Woolf: The Friends and Enemies of Roy Campbell*, ISI Books, Wilmington, 2004, p. 257.

negra que le dibujaba como un aristócrata fascista que consideraba a sus compañeros de Oxford como plebeyos. Sin embargo, varios hechos chocan con esta visión como su ayuda a varios colegas alemanes de origen judío perseguidos por el régimen nazi, como Fritz Schulz o especialmente David Daube, con quien entabló una profunda amistad.

Pero el rechazo y el desprecio hacia Zulueta fueron, sin duda, menores que los que sufrieron otros intelectuales como el poeta Roy Campbell, a quien Tolkien conoció en 1944 y cuyo primer encuentro describe en una carta a su hijo Christopher.[13]

Tolkien cita en ella las principales obras de Campbell. *The Flaming Terrapin*, publicado en 1924, obtuvo el reconocimiento inmediato y Campbell fue considerado una promesa en la escena poética británica. Sin embargo, *Flowering Rifle*, publicado en 1939 obtuvo una recepción muy diferente. El apoyo de Campbell a Franco, resultó perjudicial para el libro y su imagen se vio seriamente dañada.[14]

Campbell había nacido en 1901 en Sudáfrica donde vivió hasta que se trasladó a Inglaterra para estudiar en Oxford en 1919. Allí conoció y alternó con personajes como T.S. Eliot, Aldus Huxley, Robert Graves, y tras el éxito de *The Flaming Terrapin*, con el Grupo de Bloomsbury, liderado por Virginia Wolf. Sin embargo, tras una amarga disputa personal con ellos, abandonó Inglaterra con su familia, yendo primero a Francia y luego a España, donde se instalaron pocos meses antes del estallido de la Guerra Civil.

En su carta, Tolkien confunde algunos datos sobre él, diciendo, por ejemplo, que se convirtió al catolicismo en Barcelona. En efecto Campbell vivió en Barcelona y, de hecho, ésta fue su primera escala en España antes de establecerse en Altea, una pequeña población de la costa de Alicante. Allí, junto a su familia, fue recibido en la Iglesia Católica. Meses después, las necesidades familiares le hicieron tener que trasladarse a Toledo hacia mediados de 1935, donde entablaron una cordial relación con los monjes Carmelitas de aquella localidad, cuyo convento era vecino a la casa en la que se establecieron.

Cuando comenzó la Guerra Civil los monjes confiaron secretamente a Campbell diversos manuscritos de San Juan de la Cruz que se guardaban en la biblioteca del convento, seguramente pensando en que su condición de extranjero le otorgaba una cierta inmunidad. Sus temores eran fundados pues todos los miembros de la Comunidad fueron asesinados y la biblioteca del convento fue incendiada apenas un mes después.

El impacto de estos asesinatos, unido a sus propias ideas, llevó a Campbell

---

13. Op. cit. [7], Carta 83, p. 116.
14. C.S. Lewis fue un crítico despiadado de Campbell (aunque Tolkien apunta a argumentos extra literarios para justificar la severidad de sus críticas: "En C. S. L[ewis] todavía queda mucho Ulster oculto incluso para él"), Op. cit.

a querer comprometerse con la causa de los insurgentes y, tras poner a salvo a su familia, trató de incorporarse al ejército franquista. Sin embargo, no llegó a combatir ni a pertenecer a ninguna unidad armada, aunque recorrió España durante el periodo de la guerra. Fue justamente Pablo Merry del Val[15] el que le convenció de que era más valioso como propagandista que como combatiente: "Necesitamos plumas, no espadas".[16]

Su actitud de apoyo explícito a los franquistas avivó las sospechas sobre su figura y el calificativo de fascista le fue aplicado alegremente desde entonces. El propio Tolkien se vio obligado a explicitar la lealtad del poeta basándose en sus actos posteriores indicando que: "es un hombre patriota, y ha luchado para el Ejército Británico desde entonces."[17]

Tanto Tolkien como Campbell tenían una declarada animosidad hacia los que apoyaban las ideas izquierdistas y su esbozo sobre el poeta concluye haciendo una comparación con los intelectuales izquierdistas que revela claramente su animadversión hacia el comunismo: "¡Qué distinto de la Izquierda, los "carros blindados de pana" que huyeron a América (Auden entre ellos, que con sus amigos,[18] llevaron las obras de R.C. "prohibidas" por el Consejo de Birmingham)!"[19]

Las opiniones políticas de Tolkien eran, en todo caso, más metafísicas que ortodoxas. Él trató de explicárselas a su hijo Christopher en una carta escrita durante la Segunda Guerra Mundial: "Mis opiniones políticas se inclinan más y más hacia el anarquismo (entendido filosóficamente, lo cual significa la abolición del control, no hombres barbados armados de bombas) o hacia la monarquía "inconstitucional". Arrestaría a cualquiera que empleara la palabra Estado."[20]

Su aversión al control por parte del estado (y también el hecho de que el comunismo se opusiera violentamente a todas las religiones, pero particularmente a la Iglesia Católica) llevó a Tolkien a considerar el comunismo como un planteamiento terrible y dañino. Incluso durante la Segunda Guerra Mundial, describió al líder soviético Josef Stalin, en aquel

---

15. Pablo Merry del Val, al que ya se había citado anteriormente, era hijo de Alfonso Merry del Val, el primo de Francis de Zulueta, y durante la guerra ocupó el cargo de jefe de prensa en el gobierno provisional de los insurgentes.
16. Op. cit. [12], p. 271.
17. Op. cit. [7], Carta 83, p. 116.
18. Tolkien se refiere a un destacado grupo de poetas del momento que se desarrollaron en el contexto de Oxford, conocidos como *The Auden Generation*. Dicho grupo de jóvenes poetas encabezados por W.H. Auden y compuesto por Cecil Day Lewis, Louis MacNiece y Stephen Spender, forman parte de la primera generación de británicos que se sintieron atraídos por el marxismo. Curiosamente, Tolkien mantuvo una cordial amistad con Auden durante muchos años, pese a su diferente actitud respecto a la guerra en España y a que Tolkien no dudó en reprocharle su marcha a América durante la Segunda Guerra Mundial. En todo caso su relación rompe con el mito de la intolerancia de Tolkien, puesto que además de simpatizante de ideas izquierdistas se trataba de un homosexual declarado.
19. Op. cit. [7], Carta 83, p. 116.
20. Op. cit., Carta 52, p. 79.

momento aliado de Gran Bretaña, como un "viejo asesino sediento de sangre."[21] Tolkien declaró: "No soy "socialista" en sentido alguno -pues soy contrario a la "planificación" (como debe de ser evidente), sobre todo porque los "planificadores", cuando adquieren poder, se vuelven malos."[22]

Más allá del campo de la teoría política, algunos podrían llegar a argumentar, empleando un reduccionismo simplista, que su mundo imaginario está conectado con la base "nórdica" del modelo nazi, ya que Tolkien recrea elementos típicos tomados de la cultura tradicional del norte de Europa. Tolkien lo negó explícitamente y despreció el "disparate nórdico" nazi, "Arruina, pervierte, aplica erradamente y vuelve por siempre maldecible ese noble espíritu nórdico, suprema contribución a Europa, que siempre amé e intenté presentar en su verdadera luz".[23]

Sin embargo, algunos críticos de la segunda mitad del siglo XX censuraron a Tolkien, de forma directa o de manera subrepticia como hizo, por ejemplo, el socialista Rob Inglis: "Tolkien no es fascista, pero se puede decir que su gran mito, a la par que el de Wagner, prefigura aquellos nobles ideales genuinos de la doctrina fascista."[24]

Ante tales argumentos, se puede apelar a los muchos ejemplos presentes en la cosmogonía de Tolkien que contradicen críticas de este tipo, ya que los arquetipos presentes en la obra de Tolkien se alejan de esos parámetros.[25] Es más, un análisis más profundo nos puede llevar a la conclusión opuesta:

> Tolkien siempre negó que Mordor fuera una representación de la Alemania nazi o de la Rusia soviética, aunque era bastante consciente de su "aplicabilidad" a los campos de la muerte y los gulags, del fascismo y el comunismo, así como a otras manifestaciones más sutiles o fragmentarias del mismo espíritu.[26]

Tal vez en el punto medio se podría encontrar la visión más adecuada para definir el verdadero "Tolkien político":

> Por lo tanto, el mismo Tolkien puede ser clasificado como anarquista, libertario y/o conservador [...] De una manera consistentemente premoderna, Tolkien no era ni liberal, ni socialista, ni siquiera necesariamente demócrata;

---

21. Op. cit. [7], Carta 53, p. 80.
22. Op. cit., Carta 181, p. 278.
23. Op. cit., Carta 45, p. 71.
24. Fred Inglis. "Gentility and powerlessness: Tolkien and the new class" en *This Far Land: J.R.R Tolkien*, Robert Giddings (ed.), Barnes and Noble, New York, 1983, pp. 24-45, p. 40.
25. Aunque algunos críticos insisten en una pretendida apología de la superioridad racial en Tolkien (por ejemplo, por su forma de retratar a los Elfos o a los hombres de Númenor) encontramos un incontestable contraejemplo en una historia vinculada estrechamente al trasfondo de este trabajo: la Guerra Civil en Gondor, donde precisamente un afán de pureza racial lleva al despotismo y la destrucción.
26. Stratford Caldecott, *Secret Fire: The Spiritual Vision of JRR Tolkien*, Darton, Longman & Todd, London, 2003, p. 2.

pero tampoco hay en él ni un soplo de fascismo de "sangre y tierra".[27]

Aunque se le pueda tildar de anarquista, libertario o conservador (pero no de fascista) Tolkien fue indudablemente un hombre comprometido con sus ideas, particularmente con las creencias religiosas que había adquirido en su infancia y, obviamente, estos antecedentes contribuyeron a la formación de su propia ideología.

Aun más, aunque Tolkien poseía ideas personales y opiniones que eran antitéticas con el totalitarismo, la persecución religiosa en España fue crucial para su apoyo al movimiento franquista. Tal vez, a primera vista, su actitud tras el estallido de la Guerra Española pueda resultar chocante, pero, en su contexto histórico y social, denota coherencia.

A ello hay que añadir que afrontar el estudio de situaciones tan complejas como la que se planteó en España durante los años treinta, no suele concordar con planteamientos basados en la dicotomía del maniqueísmo, en términos de "buenos y malos". La guerra en España afectó significativamente a Tolkien en lo personal y su posicionamiento ante ella se derivó de sus propias convicciones. Esto debería bastar.

---

27. Patrick Curry, *Defending Middle-Earth: Tolkien: Myth and Modernity*, Houghton Mifflin, New York, 2004, p. 38.

Barriles de contrabando

Un hábito extendido entre muchos de aquéllos que se han sentido seducidos por las obras de Tolkien es el de tratar de localizar los escenarios que le inspiraron los múltiples parajes que aparecen en su obra. De hecho, sería una verdadera proeza recopilar todos aquellos lugares a los que se les ha atribuido como probables inspiraciones para Tolkien.

El Reino Unido ostenta el récord en cuanto a número de posibles escenarios. En algunos casos existe un fundamento real pues el mismo Tolkien reconoció ciertas influencias tales como la de la campiña de Warwickshire como una de sus inspiraciones para La Comarca. Sin embargo, resulta chocante cómo muchas ciudades y condados compiten en una reñida disputa (quizás con pretensiones más centradas en el turismo que en la interpretación literaria) por reclamar su carácter inspirador de escenarios de la Tierra Media. En el área de Birmingham se encuentran las *Dos Torres* (Edgbaston), el *Molino de Hobbiton* (Sarehole Mill), el *Bosque Viejo* (Moseley Bog) y *Rivendel* (Rednal). En el área de Ribble Valley y el bosque de Bowland (entre Lancashire y Yorkshire) se encuentran el *Brandivino*, *Hobbiton* y, de nuevo, el *Bosque Viejo*. Brill en Oxfordshire es *Bree*. Devon y Dorset, en particular la ciudad de Lyme Regis, representan las costas de la Tierra Media, etc.

Dejando al margen la anécdota y fuera del terreno específicamente geográfico, si enfocamos hacia el contexto histórico-cultural que Tolkien elige para el desarrollo de sus obras y, en particular, de las más conocidas como *El Señor de los Anillos* o *El Silmarillion*, se asume que recrean un escenario que bebe directa y únicamente de fuentes que tienen su origen en tradiciones e historias procedentes de una cultura medieval del noroeste de Europa. Tanto es así que podría decirse incluso que se ha mitificado esa pasión por el Norte de Europa que presuntamente es una de las bases de su obra. Sin embargo, el mismo Tolkien reconocía que el norte de Europa y su tradición carecían para él de matices especiales o de tipo "sagrado", como algunos críticos aseveraban, y ni siquiera se podía afirmar que su inspiración implicara necesariamente la exclusividad en cuanto a sus afectos lingüísticos o culturales.

> El noroeste de Europa tiene mi afecto[...]. Me gusta su atmósfera y conozco sus historias y lenguajes mejor que los de otras fuentes. Pero no es sagrado ni agota mis afectos. Tengo, por ejemplo un amor particular por el latín, y entre

sus descendientes por el español.[1]

Así, puestos a especular, en la figura del Padre Morgan y en las historias sobre España que le contaba a Tolkien en su niñez también podríamos encontrar inspiraciones para escenarios y situaciones que mucho más tarde aparecerían en la obra de Tolkien. A ello habría que sumarle toda la información que Tolkien pudo recibir de los numerosos libros en castellano de la biblioteca de Morgan, que le *birlaba* de niño y cuyo contenido nunca se ha tenido en cuenta como posible fuente de inspiración.

Lo que sí es seguro, es que en la propia figura del Padre Morgan encontramos el referente a un importante personaje tolkiniano, nada difícil de reconocer y vinculado con una de las grandes historias de Tolkien, La Historia de Beren y Lúthien.[2] Si el mismo Tolkien asumió el papel de Beren y a su esposa le asignó el de Lúthien, ¿quién sino Morgan habría de ser la inspiración de Thingol, el padre de Lúthien que tantas dificultades puso para que los sentimientos de los amantes tolkinianos por excelencia no fructificaran? El rey Thingol se oponía a que su hija se uniera con un simple mortal y, pese a que le había prometido a ella no darle muerte, ideó un sistema para deshacerse de Beren sin romper su compromiso. De este modo cuando Beren solicitó la mano de Lúthien, Thingol le dijo que se la concedería si en su próximo encuentro le traía uno de los Silmarils (unas joyas élficas especialmente poderosas y codiciadas) que estaban engarzados en la corona de Morgoth, el poderoso enemigo de todos los pueblos libres, en lo que era en la práctica una misión suicida. Tras numerosas aventuras, Beren, con la ayuda de Lúthien, logró su propósito y finalmente consiguió casarse con ella. Se puede establecer un claro paralelismo entre las pruebas a las que Thingol somete a Beren con los sentimientos de impotencia que la imposibilidad de continuar su romance con Edith en 1910 debieron generar en Tolkien, aunque tanto en la ficción como en la realidad, la reconciliación posterior con el impulsor de los impedimentos en contra de la viabilidad de los romances fue plena.

Aparte de este paralelismo biográfico, existen otras conexiones que pudieron servir de inspiración a Tolkien y que nos dirigen a lo que seguramente aprendió a través del contacto con su tutor. En este sentido, llama la atención el extraordinario conocimiento que demuestra sobre las

---

1. Humphrey Carpenter, (ed.), *Cartas de J.R.R Tolkien*, Editorial Minotauro, Barcelona, 1993, Carta 294, p. 443.
2. La Historia de Beren y Lúthien describe las aventuras que les suceden a los amantes tolkienianos por excelencia, Beren, un hombre mortal, y Lúthien, una elfa hija del rey Thingol y de Melian la Maia. El amor que surgió entre ambos fue más poderoso que cualquiera de los impedimentos que planteó Thingol, quien se oponía enconadamente a esta relación, y les llevó a superar pruebas aparentemente imposibles. J.R.R Tolkien hizo grabar en la tumba, en la que yace junto a su esposa, los nombres de estos amantes como signo de su identificación con ellos.

bodegas[3] y el transporte fluvial del vino y otras mercancías, en el capítulo "Barriles de Contrabando" de *El Hobbit*.

> Pero debajo de las cavernas, en cierto sitio, el techo había sido horadado y tapado con grandes escotillas de roble, que comunicaban con las bodegas del rey. Allí se amontonaban barriles y barriles y barriles; pues los Elfos del Bosque, y sobre todo el rey, eran muy aficionados al vino, aunque no había viñas en aquellos parajes. El vino, y otras mercancías eran traídos desde lejos, de las tierras que habitaban los parientes del Sur, o de los viñedos de los Hombres en tierras distantes.
> Escondido detrás de uno de los barriles más grandes, Bilbo descubrió las escotillas y para qué servían, y escuchando la charla de los sirvientes del rey, se enteró de cómo el vino y otras mercancías remontaban los ríos, o cruzaban la tierra, hasta el Lago Largo. Parecía que una ciudad de Hombres aún prosperaba allí, construida sobre puentes, lejos, aguas adentro, como una protección contra enemigos de toda suerte, y especialmente contra el dragón de la Montaña. Traían los barriles desde la Ciudad del Lago, remontando el Río del Bosque. A menudo los ataban juntos como grandes almadías y los empujaban aguas arriba con pértigas o remos; algunas veces los cargaban en botes planos.
> Cuando los barriles estaban vacíos, los elfos los arrojaban a través de las escotillas, abrían la compuerta, y los barriles flotaban fuera en el arroyo, hasta que eran arrastrados por la corriente a un sitio lejano río abajo, donde la ribera sobresalía, cerca de los lindes orientales del Bosque Negro. Allí eran recogidos y atados juntos, y flotaban de vuelta a la ciudad, que se alzaba cerca del punto donde el Río del Bosque desembocaba en el Lago Largo.[4]

Curiosamente, hasta que se construyó el ferrocarril que unía Jerez (en el interior de la provincia) y El Puerto de Santa María (en la costa) la principal vía de transporte entre ambas (en especial desde Jerez que es donde en mayor cantidad se producía el vino) era la fluvial, a través del río Guadalete, por lo que tal vez la referencia que en el texto se hace a los parientes del sur que tenían viñedos, no sea del todo casual.

Al margen de esto, existen unas curiosas coincidencias entre la parte austral de la Tierra Media en la Tercera Edad y el área de Cádiz (en el sur de España) de donde procedía Morgan. Ante todo, la presencia de la desembocadura del Anduin y su navegabilidad recuerda en buena medida a dos ríos andaluces: el Guadalquivir y el Guadalete.

El primero, que es el más importante de Andalucía (y uno de los más importantes de España), es navegable hasta Sevilla, la afamada capital de

---

[3]. El vino despertaba un gran interés en Tolkien (aunque sólo se puede conjeturar sobre el origen de esta inclinación). Durante sus años en el Merton College perteneció al *College Wine Committee* y más tarde desempeñó tareas que le hicieron acreedor de la custodia de la llave maestra de las importantes bodegas de este college.

[4]. J.R.R. Tolkien, *El Hobbit*, Editorial Minotauro, Barcelona, 1982, p. 135.

la región. Lingüísticamente tiene un punto en común con el Anduin que no deja de llamar la atención, especialmente si se tiene en cuenta el gusto de Tolkien por las etimologías y los orígenes de las palabras. Tanto el nombre de uno como el del otro significan literalmente "Río Grande". Guadalquivir procede de la expresión en árabe *Oued-el-kabir* y Anduin es directamente la conjunción de las palabras "río" y "grande" en élfico *sindarin*. Además, en ambos casos, a estos ríos se les conoce coloquialmente con este título de "el río grande", tanto en la imaginaria Tierra Media, en un caso, como en la real Andalucía, en el otro.

El Guadalete también es un río importante de Andalucía. Su curso, que termina en el Atlántico, en El Puerto de Santa María, permite a los barcos adentrarse lo suficiente para poder aprovechar su desembocadura a modo de puerto natural, algo que se ha venido haciendo desde tiempos inmemoriales. Este río conduce al interior de la provincia de Cádiz, hasta aquellos lugares tan preciados por los familiares de Morgan, especialmente la rama Osborne.

Resultaba frecuente entre la alta sociedad de El Puerto de Santa María visitar los pequeños y pintorescos pueblos alejados de la costa para disfrutar de su tranquilidad. La práctica de actividades de caza también era habitual, ya que muchos de estos lugares están rodeados de naturaleza, ubicados entre colinas y montañas, con algunos parajes increíbles.

Así, remontando el río Guadalete, aparece uno de sus afluentes, el Majaceite, que se abre camino a través de hermosos paisajes montañosos. Su curso recorre lugares como Tempul o la pequeña ciudad de Algar, donde se encuentra el famoso Pico o Tajo del Águila, una roca triangular que sobresale de las laderas sobre el río (hoy en día convertido en un lago después de que se construyera el Embalse de Guadalcacín) con escalones tallados en la misma piedra.

Esta roca ciertamente recuerda a La Carroca, donde las águilas llevaron a Thorin y la Compañía en *El Hobbit*, un lugar cerca de la casa de Beorn, el hombre que podía tomar la forma de un oso. Curiosamente, el nombre 'Beorn', del nórdico *björn* (oso), está relacionado con el apellido Osborne, que proviene, como Tolkien seguramente conocía, del *Asbjorn* en nórdico antiguo: *ás* que significa "dios" y, de nuevo, *björn* "oso". Esto, combinado con el hecho de que en las primeras versiones de la obra Beorn iba vestido de negro al igual que un sacerdote como Morgan, da lugar a la reflexión.

Existen otros lugares de gran belleza en los alrededores del río Guadalete. Cerca de Algar se encuentra una bella población de montaña llamada Arcos de la Frontera, uno de los denominados *pueblos blancos* de la sierra del interior de la provincia. Los pueblos blancos son un conjunto de poblaciones serranas llamadas así por tener sus fachadas pintadas de blanco (entre otras razones para tratar de eludir el calor). Arcos de la Frontera destaca entre sus pueblos vecinos por haber sido construido sobre una pronunciada peña, que desde algunas perspectivas parece que atraviesa la base de la ciudad. Las calles empinadas que conducen desde los pies de Arcos hasta su punto más alto (donde se encuentra la imponente torre de un castillo) son estrechas y en ellas abundan los arcos que de algún modo señalan las diferentes alturas o niveles a los que se está accediendo.

Puestos a especular, ¿acaso Arcos de la Frontera no podría ser la inspiración de Minas Tirith y Andalucía la de Gondor?

Apéndices

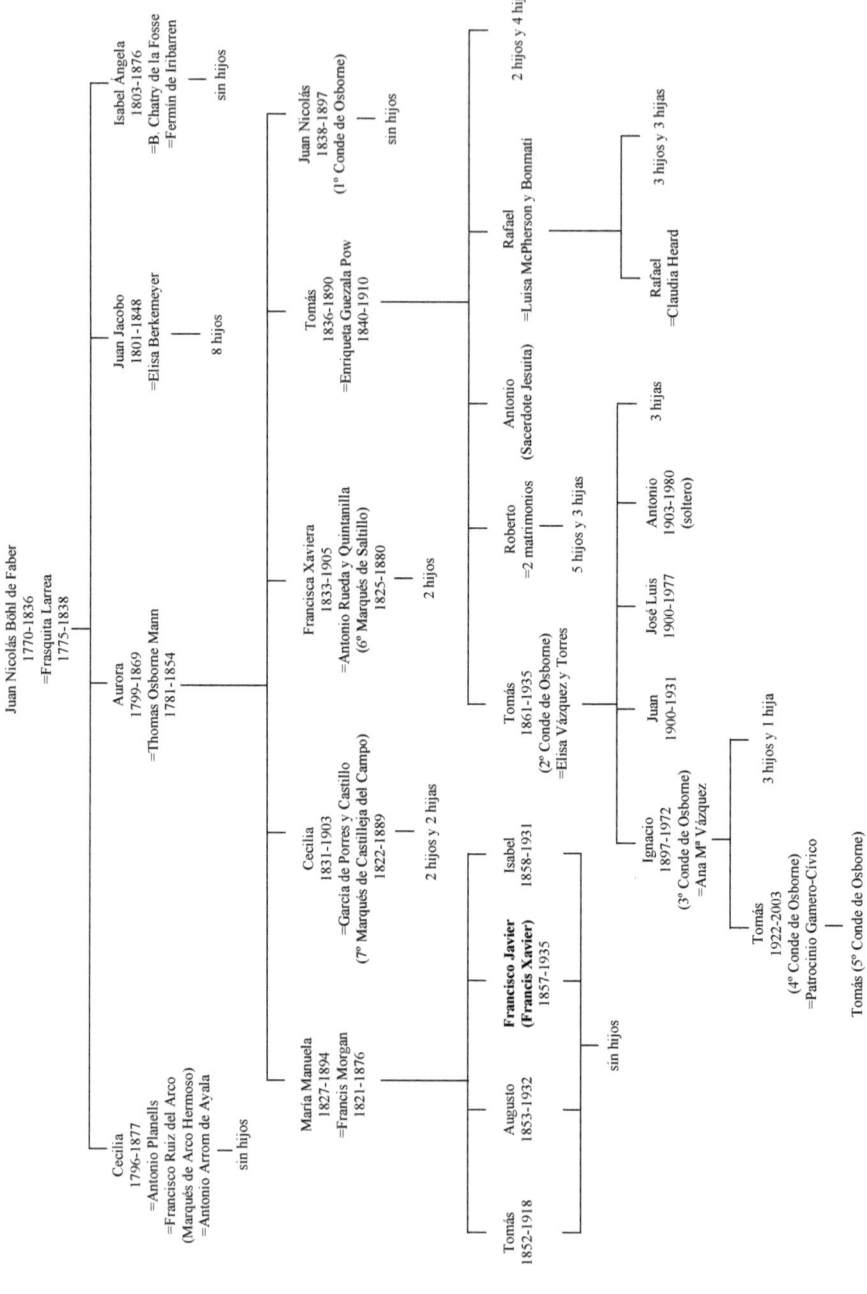

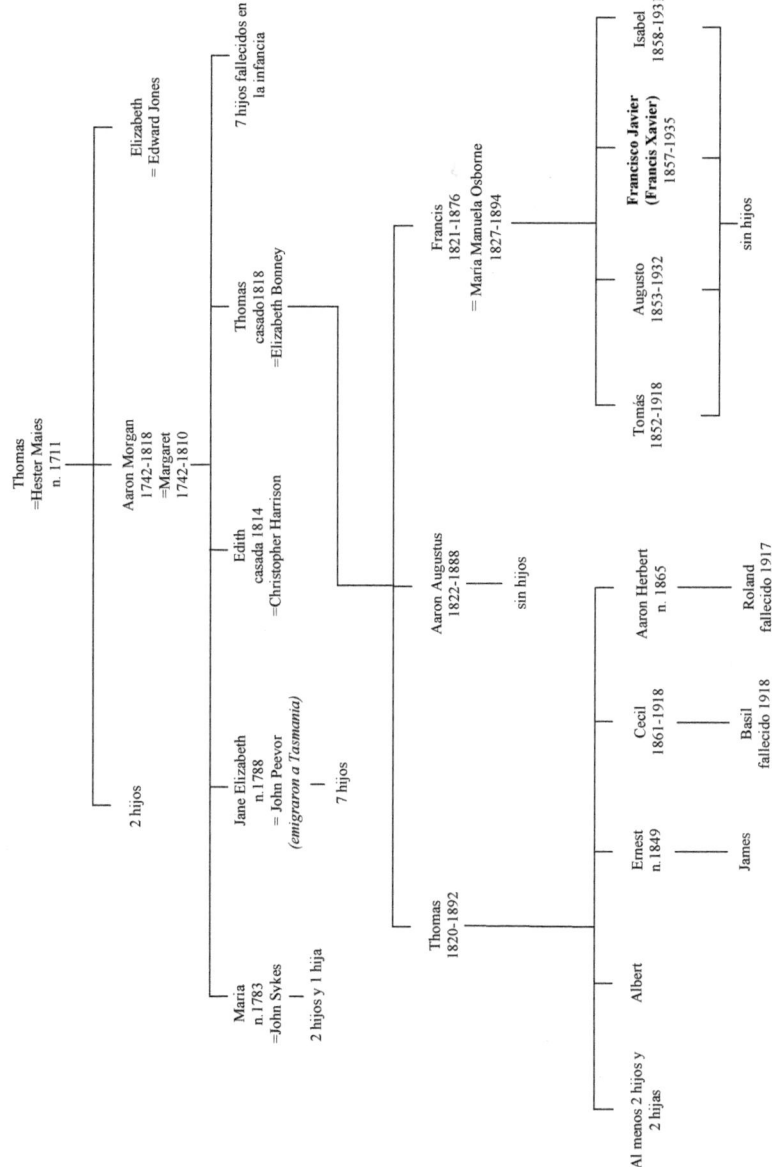

1

2

3

4

5

6

7

8

9

10

11 12

13

14

15
16

17

In affe.tr Zio
Cavro

UT AMERIS AMABILIS ESTO

Franciscus Morgan
et Osborne,
Cong: Orat: Pres:
apud Edgbaston.

18

Francis Morgan

19

1. Archivo Osborne. Familia Morgan-Osborne. Circa 1865. Izquierda a derecha. María Manuela Osborne, Francis, Isabel, Tomás, Francis Morgan, Augusto.

2. Archivo Osborne. Francis Morgan.

3. Archivo Osborne. Francis Morgan.

4. Oratorio de Birmingham. De pie (izquierda a derecha): Francis Morgan, J. Norris, H.I.D. Ryder, W.P. Neville, G.L. Teeling, R.G. Bellasis, T.P.A. Eaglesim, H.L. Bellasis. Sentados: H.A. Mills, J.H. Newman, H. Bittleston, T.A. Pope.

5. Archivo Osborne. Augusto Morgan y Francis Morgan.

7. Archivo Osborne. Francis Morgan.

8. Archivo Osborne. Con un niño. Lynton, Agosto 1890.

9 Birmingham Oratory. Francis Morgan.

10. Oratorio de Birmingham. Francis Morgan.

11. Archivo Osborne. Padre Angelico Barsi, Francis Morgan y Augusto Morgan. Mar Muerto. 26 de septiembre de 1922.

12. Oratorio de Birmingham. Francis Morgan.

13. Archivo Osborne. Casa familiar en El Puerto de Santa María.

14. Archivo Osborne. María Manuela Osborne Böhl de Faber (madre).

15. Archivo Osborne. Francis Morgan (padre).

16. Archivo Osborne. Postal (en castellano) enviada a Antonio Osborne. 1933.

17. Archivo Osborne. Firma como Tío Curro.

18. Cortesía de Robert Hinii. Exlibris de Francis Morgan.

19. Archivo Osborne. Firma como Francis Morgan.

Bibliografía

Alonso, Sol y Lorente, Joaquín., *Osborne. Desde 1772 hasta nuestros días*. Bodegas Osborne, El Puerto de Santa María, 2005.

Aspden, Kester, *Fortress Church: The English Roman Catholic Bishops and Politics, 1903-63*. Gracewing, Leominster, 2002.

Baroja, Pío, *Las inquietudes de Shanti Andia*. Renacimiento, Madrid, 1962.

Bellasis, Edward, *"The Phormio" at the Oratory school, by an "old boy"*. Nichols and Sons, London, 1881.

Bettonica, Luis, *El vino de Jerez*. Publicaciones Españolas, Madrid, 1974.

Buchanan, Tom, *Britain and the Spanish Civil War*. Cambridge University Press, Cambridge, 1997.

Buchanan, Tom, *The Impact of the Spanish Civil War on Britain: War, Loss and Memory*. Sussex Academic Press, Eastbourne, 2007.

Cadbury, Deborah, *Los Cazadores de Dinosaurios*. Ediciones Península, Barcelona, 2002.

Caldecott, Stratford, *Secret Fire: The Spiritual Vision of J.R.R. Tolkien*. Darton, Longman & Todd, London, 2003.

Campe, Elisabeth, *Versuch einer Lebensskizze von Johan Nikolas Böhl von Faber. Nach seinen eigenen Briefen*. Als Handschrift gedruckt. Brockhaus, Leipzig, 1858.

Carmichael Calum, *Ideas and the Man: Remembering David Daube*. Vittorio Klostermann, Frankfurt am Main, 2004.

Carpenter, Humphrey, *J.R.R. Tolkien: Una biografía*. Editorial Minotauro, Barcelona, 1990.

Carpenter, Humphrey, ed., *Cartas de J.R.R. Tolkien*. Editorial Minotauro, Barcelona, 1993.

Cayley, George John, *Las Alforjas, or the Bridle Roads of Spain*. Bradbury and Evans / Richard Bentley, London, 1853.

Coloma, Luis, *Recuerdos de Fernán Caballero*. El mensajero del Corazón de Jesús, Bilbao, 1928.

Curry, Patrick, *Defending Middle-Earth. Tolken: Myth and Modernity*. Floris Books, Edinburgh, 1997.

Dickens. Charles, *Nicholas Nickleby*. Penguin Classics, London, 1999.

Drout. Michael D.C., ed., *J.R.R. Tolkien Encyclopedia: Scholarship and Critical Assessment*. Taylor & Francis, New York, 2006

Dessain, Charles Stephen, ed., *The Letters and Diaries of John Henry Newman. Volumes XXVIII, XXIX and XXX*. Thomas Nelson and Sons Ltd, Edinburgh, 1961.

Fernández Poza, Milagros, *Frasquita Larrea y "Fernán Caballero" Mujer, revolución y romanticismo en España 1775-1870*. Biblioteca de Temas Portuenses, Ayto. El Puerto de Santa María, El Puerto de Santa María, 2001.

Fernández Poza, Milagros y García Pazos, Mercedes, eds., *Actas del Encuentro "Fernán Caballero, hoy"*. Biblioteca de Temas Portuenses, Ayto. El Puerto de Santa María, El Puerto de Santa María, 1996.

Garth, John, *Tolkien and the Great War: The Threshold of Middle-Earth*. Harper Collins, London, 2004.

Giddings, Robert, ed., *J.R.R. Tolkien: This Far Land*. Vision Press, London, 1983

Gladstone, William Ewart, *The Vatican Decrees in their bearing on Civil Allegiance: A Political Expostulation*. Harper & Brothers, London. 1875.

Gordon, José María, *The Chronicles of a Gay Gordon*. Cassell and Company, Limited, London. 1921.

Grotta, Daniel, *Tolkien, Arquitecto de la Tierra Media*. Editorial Planeta, Barcelona, 1982.

Harman, Thomas T. and Showell, Walter, *Showell's Dictionary of Birmingham. A History and Guide Arranged Alphabetically.* Cornish Brothers, New Street, Birmingham, 1884.

Heinerman, Theodor, *Cecilia Böhl de Faber y Juan Eugenio Hartzenbusch, una correspondencia inédita*. Espasa Calpe, Madrid, 1944.

Herrero, Javier, *Fernán Caballero. Un nuevo planteamiento*. Ed. Gredos, Madrid, 1963.

Howkins, Ben, *Rich, Rare and Red*. The International Wine & Food Society. Heinemann, London, 1982.

Jeffs, Julian, *Sherry*. Millers Publications, London, 2004.

Ker, Ian, *John Henry Newman. A biography*. Oxford University Press, Oxford, 2010.

López Argüello, Alberto, ed., *Epistolario de Fernán Caballero. Una colección de cartas inéditas*. Sucesores de Juan Gili, Editores, Barcelona, 1922.

Maldonado Rosso, Javier, *La formación del capitalismo en el marco de Jerez: De la vitivinicultura tradicional a la agroindustria vinatera moderna (siglos XVII y XIX)*. Huerga y Fierro Editores, S.L, Madrid, 1999.

Meynell, Wilfrid, *Cardinal Newman*. Burns and Oates, London, 1907.

Montoto, Santiago, ed., *Cartas inéditas de Fernán Caballero*. S. Aguirre Torre, Madrid, 1961.

Morgan, Aaron y Matthew Concanen, *The history and antiquities of the parish of St Saviour's, Southwark*. J. Delahoy and J. Parsons, London,1795.

Neville, Rev. W.P., ed., *Adresses to Cardinal Newman with his replies, etc. 1879-81*. Longmans, Green, and co, London, 1905.

Odero. José Miguel, *Tolkien. Cuentos de Hadas*. Ediciones Universidad de Navarra, Pamplona, 1987.

Pearce, Joseph, ed., *J.R.R. Tolkien: Señor de la Tierra Media*. Editorial Minotauro, Barcelona, 2001.

Pearce, Joseph, *Unafraid of Virginia Woolf: The Friends and Enemies of Roy Campbell*. ISI Books, Wilmington, 2004.

Pérez Galdós, Benito, *Guerra de la independencia. Tomo II. (Episodios Nacionales)*. Algaba Ediciones, Madrid, 2008.

Priestman, Judith, *J.R.R. Tolkien: Life and Legend: An Exhibition to Commemorate the Centenary of the Birth of J.R.R. Tolkien (1892-1973)*. Bodleian Library, Oxford, 1992.

Scull, Christina, Hammond Wayne G., *The J.R.R. Tolkien Companion and Guide*. Houghton Mifflin, Boston, 2006.

Sellers, Charles, *Oporto Old and New: Being a Historical Record of the Port Wine Trade and Tribute to British Commercial Enterprise in the North of Portugal*. Herbert E. Harper, London, 1899.

Shakespeare, William, *Henry IV*. Simon & Schuster, New York, 2005.

Shrimpton, Paul, *A Catholic Eton?: Newman's Oratory School*. Gracewing, Leominster, 2005.

Story, Alfred Thomas, *The Life of John Linnell*. Richard Bentley and Son, London, 1892.

Tolkien, Hilary, Ángela Gardner, ed., *Black and White Ogre Country: The Lost Tales of Hilary Tolkien*. ADC Publications Ltd, Moreton-in-Marsh, 2009.

Tolkien, John and Priscilla, *The Tolkien Family Album*. Houghton Mifflin Company, Boston, 1992.

Valencina, Diego de., *Cartas de Fernán Caballero*. Librería de los Sucesores de Hernando, Madrid, 1919.

Vizetelly, Henry, *Facts about Sherry Gleaned in the Vineyards and Bodegas of the Jerez, Seville, Moguer, & Montilla Districts during the Autumn of 1875*. Ward, Lock and Tyler, Warwick House, London, 1876.

Ward, Wilfred, *Life of John Henry Cardinal Newman*. Longmans, Green, and Co, London, 1912.

Warner, Charles Dudley, *Washington Irving*. Nueva York, 1891.

Waugh, Evelyn, *Two Lives: Edmund Campion and Ronald Knox*. Continuum International Publishing Ltd, London, 2005.

Ybarra y Osborne, Eduardo. *Notas históricas-genealógicas y heráldicas de la casa Osborne, Guezala, Böhl de Faber y Power, con algunas alianzas que han contraído*. Sevilla, 1929.

Principales obras consultadas de J.R.R. Tolkien

Tolkien, J.R.R., *El Hobbit*. Editorial Minotauro, Barcelona, 1982.

Tolkien, J.R.R., *El Hobbit Anotado* (anotado por Douglas A. Anderson). Editorial Minotauro, Barcelona, 1993.

Tolkien, J.R.R., *El Libro de los Cuentos Perdidos I*. Editorial Minotauro, Barcelona, 1991.

Tolkien, J.R.R., *El Libro de los Cuentos Perdidos II*. Editorial Minotauro, Barcelona, 1990.

Tolkien, J.R.R., *El Señor de los Anillos. La Comunidad del Anillo*. Editorial Minotauro, Barcelona, 1978.

Tolkien, J.R.R., *El Señor de los Anillos. Las Dos Torres*. Editorial Minotauro, Barcelona, 1979.

Tolkien, J.R.R., *El Señor de los Anillos. El Retorno del Rey*. Editorial Minotauro, Barcelona, 1980.

Tolkien, J.R.R., *El Silmarillion*. Editorial Minotauro, Barcelona, 1984.

Tolkien, J.R.R., *Las Aventuras de Tom Bombadil*. Editorial Minotauro, Barcelona, 2005.

Tolkien. J.R.R., Christina Scull and Wayne G. Hammond, eds., *The Adventures of Tom Bombadil and Other Verses from the Red Book*. HarperCollins, London, 2014.

Tolkien. J.R.R., *Los Monstruos y los Críticos y Otros Ensayos*. Editorial Minotauro, Barcelona, 1998.

Principales obras consultadas de John Henry Newman

Newman, John Henry, *Apologia Pro Vita Sua*. Longmans, Green, and Co., London, 1902.

Newman, John Henry. *Lectures on the Present Position of Catholics in England*. Longmans, Green, and Co., London,1908

Newman, John Henry, *Loss and Gain. The Story of a Convert*. Longmans, Green, and Co., London, 1906.

Newman, John Henry, *Speech of His Eminence Cardinal Newman on the reception of the "Biglietto" at Cardinal Howard's palace in Rome on the 12th of May 1879*, Libreria Spithöver, Rome, 1879.

Newman, John Henry, *The Idea of a University*. Longmans, Green, and Co., London, 1907.

Principales obras consultadas de Cecilia Böhl de Faber

Caballero, Fernán, *Cosa cumplida sólo en la otra vida: Diálogos entre la juventud y la edad madura*. Establecimiento Tipográfico de Mellado, Madrid, 1862.

Caballero, Fernán, *Cuentos, adivinanzas y refranes populares*. Sáenz de Jubera, Hermanos, Madrid, 1921.

Caballero, Fernán, *La farisea*. Centro General de Administración, Madrid, 1865.

Caballero, Fernán, *La Gaviota*. Establecimiento Tipográfico de Mellado, Madrid, 1859.

Caballero, Fernán, *Un verano en Bornos*. Establecimiento Tipográfico de Mellado, Madrid, 1858.

Disertaciones y artículos

Bossert, A. R., ""Surely You Don't Disbelieve": Tolkien and Pius X: Anti-

Modernism in Middle-earth.", *Mythlore* 25:1-2 (Otoño-Invierno 2006), pp. 53-76.

Cunard, Nacy, ed., "Authors take sides on the Spanish War", *Left Review*. London, 1937

Espigado Tocino, Gloria, "Mujeres y ciudadanía. Del antiguo régimen a la revolución liberal.", *Actas del seminario: Mujeres y ciudadanía en el primer liberalismo español*. Universidad de Barcelona, Barcelona, 2003.

Hespelt, E.Herman, "Francisca de Larrea, a Spanish Feminist of the early Nineteenth Century", *Hispania* XIII, 3 (Mayo 1930), pp. 173-186.

Lynch, Philip, "F. Francis Xavier Morgan", Disertación ofrecida el 16/11/1987 in Birmingham Oratory, http://www.birminghamoratory.org.uk/about-the-oratory/biographies-of-past-members/f-francis-xavier-morgan-1935/.

Rodríguez Caparrini, Bernardo, "Alumnos españoles en el internado jesuita de Beaumont (Old Windsor, Inglaterra) 1874-1880.", *Miscelánea Comillas: Revista de Ciencias Humanas y Sociales*, Vol. 70, Nº 136, 2012, pp. 241-264

West, John G., "Politics from the Shadowlands: C. S. Lewis on Earthly Government.", *Policy Review* 68. 1994: pp. 68-70.

Tracey Gerard, "Tolkien and the Oratory", http://www.birminghamoratory.org.uk/about-the-oratory/tolkein-the-oratory/

Periódicos y Revistas

Birmingham Mail, Birmingham, 12/6/1935.

Birmingham Post, Birmingham, 12/6/1935.

Catholic Herald, London, 30/8/1935.

Evening Despatch, Birmingham, 12/6/1935.

Hobart Town gazette, and *Van Diemen's Land advertiser*, 17/3/1821 (National Library of Australia).

Hobart Town gazette, and *Van Diemen's Land advertiser*, 5/1/1822 (National

Library of Australia).

Leamington Spa Courier, Warwickshire, England, 3/10/1891, 14/4/1894, 20/2/1903.

Mallorn, The journal of the Tolkien Society, Issue 51, Spring 2011.

Oratory School Magazine, N°89, December 1935.

Parma Eldalamberon, No.11, Gilson, Christopher; Hostetter, Carl F.; Wynne, Patrick; Smith Arden R., 1995.

Parma Eldalamberon, No.12, Gilson, Christopher; Hostetter, Carl F.; Wynne, Patrick; Smith Arden R., 1998.

Revista Portuense (selección de números desde el 21/1/1894 al 30/12/1933), Archivo Municipal de El Puerto de Santa María.

The European magazine, and *London review*, Volume 31, 1797, Philological Society (Great Britain).

The London Gazette, 4/1/1907.

The Oratorian 2014, Oratory School, 2014

The Oratory Parish Magazine, May 1909, Birmingham Oratory. Reproduced in www.birminghamoratory.org.uk/about-theoratory/tolkein-the-oratory/

The Tablet, London, 15/5/1880, 26/3/1881, 11/8/1883, 21/1/1888, 10/3/1888, 19/7/1890, 30/12/1893, 8/6/1895, 23/7/1898, 29/10/1898, 15/4/1899, 3/8/1901, 21/6/1902, 2/8/1902, 2/4/1904, 6/8/1904, 29/10/1904, 2/6/1906, 13/10/1906, 7/12/1907, 6/3/1909, 28/10/1911, 10/4/1915, 22/4/1916, 2/10/1930, 29/10/1932, 4/3/1933, 15/6/1935, 22/6/1935, 31/8/1935.

Documentos

Boletín oficial del Ministerio de Fomento, Volumen 26, 1858.

Bristol, List of Freeholders and Freemen, 1768.

British census 1841, 1851, 1861, 1871, 1881, 1891, 1901 and 1911.

Dixon, Morgan & Co, wine merchants, London: corresp. and accounts c1830-1950 (Mss 38311-15). Guildhall Library (London).

Libro de actas de la sucursal del Banco Matritense en El Puerto de Santa María (1921-1923).
(From the copy in the Archivo Municipal de El Puerto de Santa María).

Memorandum of the Association of Morgan Brothers (Wine Shippers) Limited. Waterloo and Sons limited, Printers. London 1898.

Memories of Maria Sykes. British Library, Asia, Pacific and Africa Collections. Private Papers [Mss Eur C799]. European Manuscripts in the Oriental and India Office Collections of the British Library.

Old Bailey Proceedings Online (www.oldbaileyonline.org), 26th October 1803, trial of Timothy Tool (t18031026-54).

Tasmanian Pioneer Index 1803-1899.

www.ingramcontent.com/pod-product-compliance
Lightning Source LLC
Chambersburg PA
CBHW042126100526
44587CB00026B/4186